바느질 … 그 이상 …

# 살림이 되는 손바느질

제1판 1쇄 발행 | 2016년 10월 20일
제1판 3쇄 발행 | 2018년 1월 30일

**지은이** 임호영
**펴낸이** 박성우
**기획 편집** 코티지 김지해
**디자인** 정해진 www.onmypaper.com
**일러스트** 로테의 책
**펴낸곳** 청출판
**주소** 경기도 파주시 문발동 594-10 1F
**전화** 070-7783-5685 | **팩스** 031-945-7163
**전자우편** sixninenine@daum.net
**등록** 제406-2012-000043호



**ISBN** | 978-89-92119-61-0 13590

# 살림이 되는 손바느질

더마마의 패브릭으로 할 수 있는 멋진 일들

임호영 지음

APPLESAUCE
Onion
Bits

작은 변화가 일어날 때 진정한 삶을 살게 된다.

– 레프 톨스토이 –

# *Contents*

mama's table open

## 안녕하세요!
## 이곳은 더마마의 '마마즈테이블'입니다.

시골 읍내를 살짝 벗어나 한적하기 그지없는 언덕 자락에 작은 둥지를 튼 게 어느덧 3년의 세월이 지났다. 그동안 세 아이 키우며 집에서 혼자 짬짬이 해오던 바느질을 다른 사람들과 소통할 수 있는 작업 공간을 만든 것이다.
처음 작업실을 계약하고, 머리 속에 수십 개의 근사한 카페 인테리어를 구상하며 끝도 없는 상상의 나래를 펼치던 시간들. 막상 현실은 이런저런 제약에 머리 속 디자인 십 분의 일도 실현할 수 없었지만, 그래도 가구 공방을 운영하고 있는 솜씨 좋은 친구 아이엠마마와 함께 하나씩 하나씩 셀프 인테리어로 꾸며나갔다. 가구도 직접 만들고, 페인트도 칠하고, 손바느질한 패브릭들 걸치고, 좋아하는 빈티지들 자리 잡아주며 나만의 스타일이 있는 공간을 만들었다.

# mama's table

## 마마즈테이블
## 근데, 여기가 뭐하는 곳이냐고요?

'마마즈테이블'이란 이름을 처음 듣는 사람들은 모두 의아해한다.
요리를 하는 곳인가? 카페인가? 생각하기 십상인 이름…. 그도 그럴 것이 코발트빛 시원한 타일의 레트로풍 주방이 공방 입구에서부터 반짝반짝 빛난다. 사실 작업실을 만들며 가장 신경 쓴 곳이 의외로 주방이기도 하다. 좋아하는 바느질을 하는 것만큼 잘 먹고 사는 것도 나에겐 무엇보다 중요한 문제이기 때문이다.

나와 같은 감성의 사람들을 만나 바느질하고, 요리하며, 살아가는 이야기를 나누는 바느질 모임, 이 즐거운 바느질 공간이 바로 마마즈테이블이다. 새롭게 용기 내어 문을 똑똑 두드리는 분들도, 소위 '마마즈패밀리'라고 불리는 친구들도 어쩜 그리도 닮았는지…. 따스한 감성으로 모인 유쾌한 집단 마마즈테이블은 바느질로 맺어진 소중한 인연이 아름다운 곳이다.

ROYAL

더마마는 바느질이 좋습니다.
화려하고 비싼 천이 아니더라도 작아서 못 입게 된 티셔츠가
미니 크로스백으로 뚝딱 만들어지고,
유행 지난 낡은 청바지는 튼튼한 장바구니가 되고,
빛 바랜 커튼은 도시락 주머니로 변신해 소풍날의 정성을 더해줍니다.

어쩌면 가장 생산적인 취미가 '바느질'이 아닌가 단언해봅니다.
몇 번 꼬물딱 꼬물딱 자르고 꿰매는 동안 든든한 '살림'이란 게 생긴답니다.
나의 핸드메이드 에코백은 아이들 보조가방이 되었다가
또 주방 벽 한편에 걸려 수납백이 되어 세월의 멋까지 가득 품어
값비싼 명품백 그 이상의 가치를 발합니다.

이렇게 요모조모 쓸모 많은 바느질 작품들….
이왕 만드는 거 예쁘게, 자~알 만들어야 하지 않을까요?

그래서 더마마가 나섰습니다.
실용적이면서도 어여쁜 살림살이가 되어줄 바느질 작품들….
지금부터 마마와 차근차근 함께하다 보면
어느새 뚝딱, 내 앞에 감동이 놓여 있을 거예요.

자, 시작해볼까요?

# Fun things to do with Fabrics

살림이 되는 손바느질

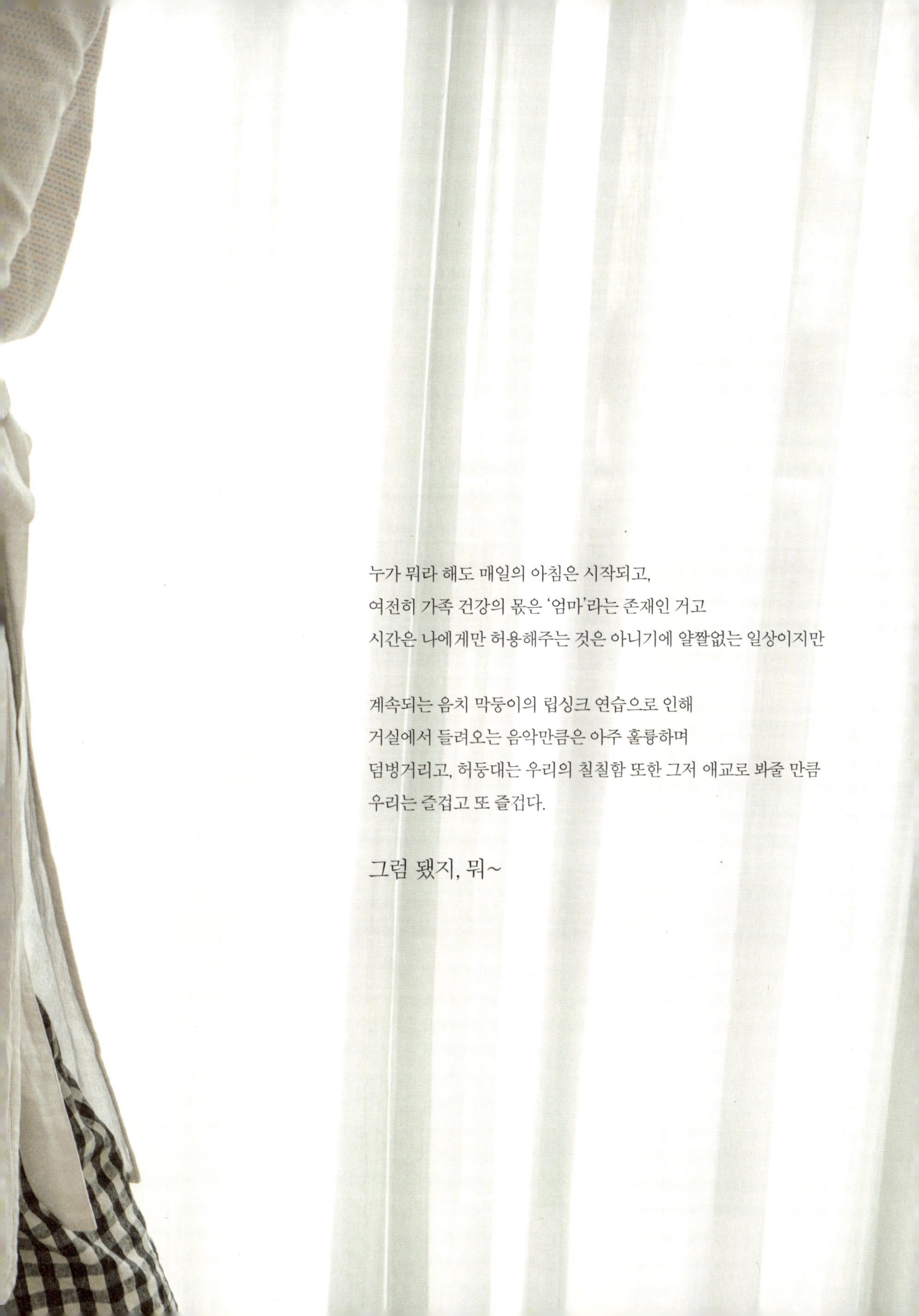

누가 뭐라 해도 매일의 아침은 시작되고,
여전히 가족 건강의 몫은 '엄마'라는 존재인 거고
시간은 나에게만 허용해주는 것은 아니기에 얄짤없는 일상이지만

계속되는 음치 막둥이의 립싱크 연습으로 인해
거실에서 들려오는 음악만큼은 아주 훌륭하며
덤벙거리고, 허둥대는 우리의 칠칠함 또한 그저 애교로 봐줄 만큼
우리는 즐겁고 또 즐겁다.

그럼 됐지, 뭐~

패브릭으로
할 수 있는 멋진 일들

— EPISODE —

**01**

# 간다, 간다, 내가 가!

늘어진 오후의 나른함을 뒤로한 채,
여전히 바지런을 떨어야 하는 조금 나이 먹은 여자사람들.
집안일이라는 것이 해도 해도 당최 표도 안 나 주시고
잠시라도 소홀해지면 마치 폭격이라도 맞은 것마냥 난장판이 되는 일.
팍팍한 인생, 험난한 삶의 현장에서 우리 마나님들은 어찌들 버티고 계시는지….
매일 정리하고, 청소하고 반복되는 일상이 귀찮고 지겨울 법도 하지만
어차피 해야 할 주부의 몫이라면
그냥, 즐. 기. 십. 시. 다. 요!

한낮의 마른 햇볕에 빨래는 보송보송
어서 들여달라 기분 좋은 아우성

그래 간다, 간다, 내가 가!

# 자수 포켓 에이프런
Embroidery Pocket Apron

면혼방 화이트 리넨의 바스락거리는 느낌이 좋다. 흡수성이 좋은 리넨은 앞치마 원단으로 제격이다. 심심함을 덜어주기 위해 스커트를 세 폭으로 나누었으며 가장자리 곡선을 바이어스로 마무리하여 여성성을 강조하였다. 한 땀 한 땀의 자수는 앞치마의 고급스러운 퀄리티를 완성해주며, 스냅단추를 이용해 탈부착이 가능한 포켓은 양손을 자유롭게 해준다. 레깅스와 함께 착용하면 스커트처럼 외출용으로도 가능하다.

HOW TO MAKE P.146

매일 아침…
깨끗하게 단장하고, 곱게 정성 들인 마나님표 에이프런을 꺼내 허리에 두른다.
집에 있는 날, 나의 하루 일과는 에이프런으로 시작된다.

내 손길이 닿은 뒤 말랑말랑 뽀송뽀송 깨끗해진 나의 집을 생각하면
그리 힘들고 궂은 일만은 아닌 것 같다.

나에게 주어진 금쪽 같은 하루하루,
오늘도 나를 위해, 내가 살고 있는 집을 위해 최선을 다해보자.

# 내추럴 패치 블랭킷
Natural Patchwork Blanket

HOW TO MAKE P.150

리넨과 코튼 원단을 조각조각 패치워크해 윗면을 완성하고, 뒷면은 톡톡함을 위해 더블거즈 2장을 덧대어 완성했다. 무지, 체크, 스트라이프 패턴과 은은한 컬러의 편안한 조합은 잠이 절로 오게 하는 힘이 있는 듯하다. 패치워크 조각 위로 화이트 리넨 조각들을 시접처리 없이 홈질과 감침질을 이용해 덧대어 주었더니, 따스한 핸드메이드 감성이 한층 더 느껴진다.

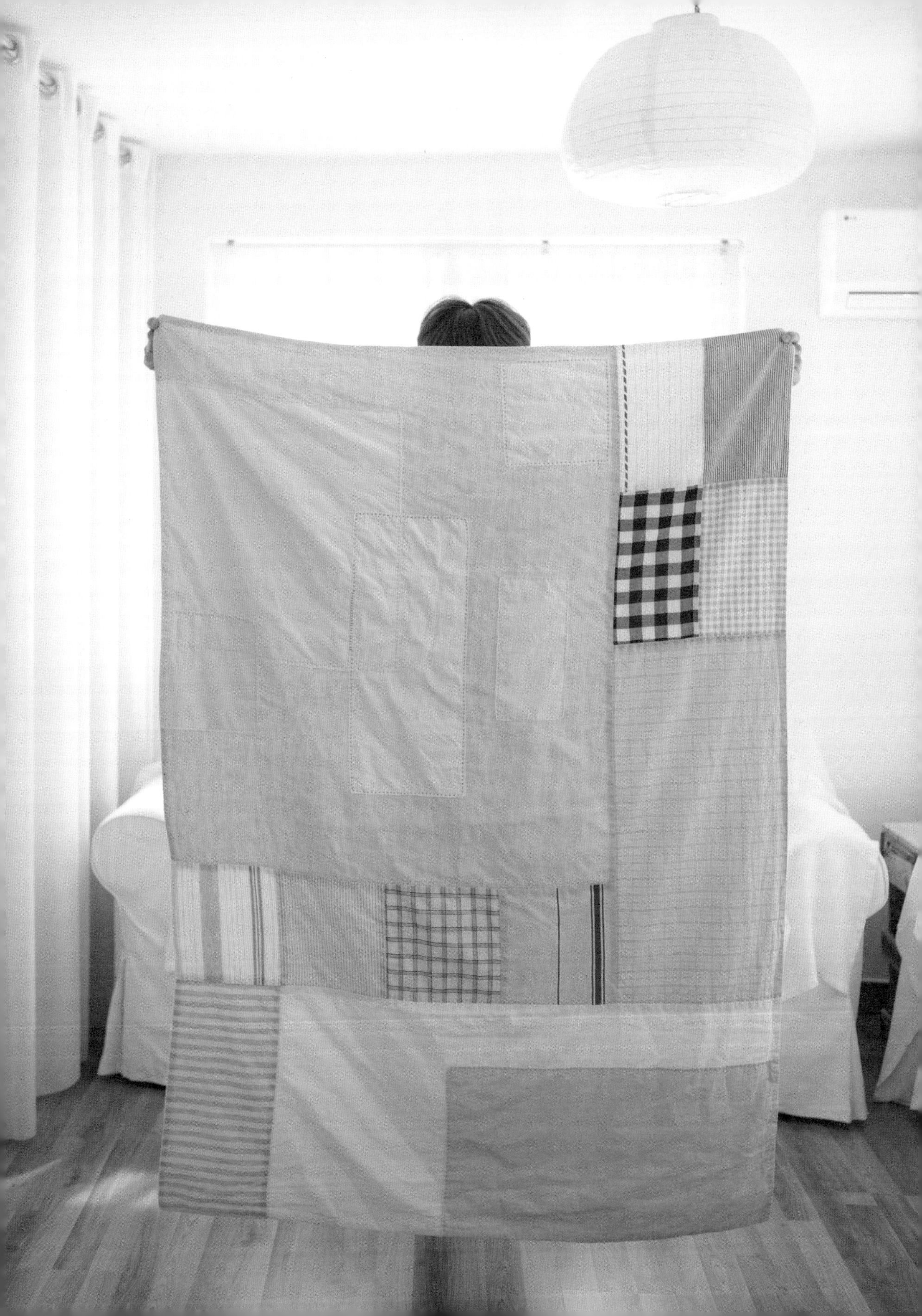

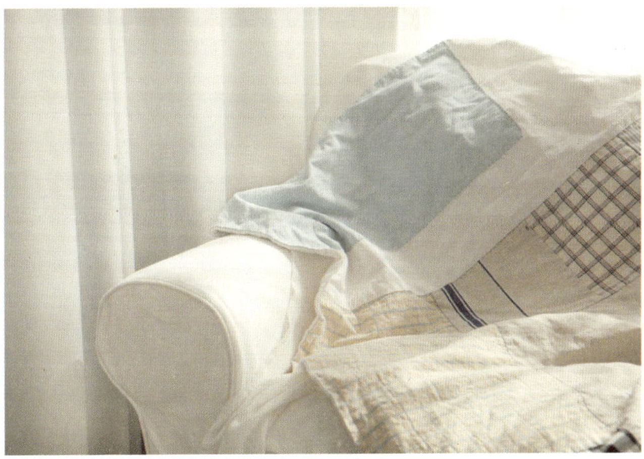

Jeanne d'Arc
Houmarksvej 92, Kondrup • 8920 Randers NV • Denmark
www.jeannedarcliving.dk • www.jdlblog.dk • Tel +45 36 93 20 10

이 다음에 세월이 흘러 흘러
백발의 고운 할머니가 되어있는 그 어느 날
아득한 꿈처럼 느껴질 아주 특별한
보통의 젊은 나날들… 아… 좋다!

# 세 가지 빈티지 쿠션

Three Vintage Cushions

HOW TO MAKE P.153

빈티지 원단에 퀼팅솜을 넣고 폭삭폭삭 퀼팅까지 더해 넉넉한 사이즈의 사랑스러운 쿠션이 완성되었다. 세련되고 톡톡 튀는 블랙을 메인으로 한 플라워 모티브 쿠션, 싫증난 테이블클로스를 리폼한 사랑스런 개나리빛 쿠션, 요즘 마니아 층이 늘고 있는 빈티지 자수보를 잘라 만든 블루 쿠션까지 다른 듯 같은 느낌의 세 가지 쿠션은 인테리어 효과까지 충분히 한몫하는 녀석들이다. 지퍼는 숨겨서 달아두었더니 아무렇게나 휙휙 던져 놓아도 쿠션의 여밈이 전혀 거슬리지 않는다. 한 땀 한 땀 퀼팅해야 하는 노고가 따르긴 하지만 완성된 작품을 마주하면 노력한 만큼의 보람이 충분히 느껴질 것이다.

아침 햇살의 감사함에 잠시 사진으로 게으름 피우며
느리게 시작하는 아침

오늘 하루도 쉴새 없이 돌아갈 재봉틀과 나의 분주한 손놀림
허나 지겹지 않은 일상… 천상 바느질쟁이!

뜨거운 커피 한잔과 달달한 쿠키 한입이 생각나는 시간….
오늘도 뜨거운 열정과 함께 달달한 일상을 기대해본다.

음악, 커피, 친구와의 수다… 충분하잖아.
오늘 하루도 썩 괜찮기!!

# 잘 살았나, 친구!

바쁜 호흡으로 숨이 차게 살아가는 날들
그런 매일에 아쉬움이 늘어갈 즈음….

"똑! 똑!"

친구들의 깜짝 방문은 오늘 하루의 큰 선물이다.
손수 만든 에이프런 하나 휘리릭 걸치고
요리책에 기름 튀겨가며 룰루랄라~
반가운 선물에 대한 어설픈 보답을 준비한다.

참으로 사소한 그것으로 만나
조금은 특. 별. 한. 관. 계. 라는 걸 형성한다.

우리는 그랬다. 아름다운 그녀들….

음식과 바느질을 매개로 한 좋은 사람들과의 즐거운 어울림
내 일상의 주변에 일시적이고 아름다운 경험들이 모여모여
제법 그럴듯한 대우를 나 스스로에게 하게 된다.
관대하게 아낌없이 오늘을, 나를 사랑하자!

기울어져 가는 저녁의 나직한 공기에
'까르르' 우리의 웃음소리가 섞여
아쉬운 봄날의 시간이 흘러간다.

"덕분에 오늘 하루도 잘 살았네, 친구!"

# 자수 레이어드 에이프런

Embroidery Layered Apron

HOW TO MAKE P.155

적당한 두께감의 찰랑찰랑한 퓨어 리넨과 빈티지 자수보, 레이스보의 자연스러운 어울림…. 흡수성과 통기성이 좋은 퓨어 리넨은 보는 것만으로도 깨끗함이 전해진다. 목과 어깨에 무리 없이 걸치도록 어깨끈은 크로스로 연결해주었다. 엉덩이를 가리는 넉넉한 여밈은 슬쩍 보이는 민망함을 해결해 뒤태까지도 신경 쓰는 세심함을 보여준다. 레이어드된 빈티지 자수보, 레이스보는 스냅단추로 연결되어 뗐다 붙였다 할 수 있으므로 앞치마 용도 외에 작은 창문의 밸런스로 사용할 수도 있다.

# 이니셜 키친클로스
Initial Kitchen Cloth

HOW TO MAKE  P.159

각종 덮개, 행주, 가리개 등등 다용도로 활용할 수 있는 키친클로스. 가장자리만 접어 홈질하는 아주 간단한 바느질법으로 여러 장 만들어 놓으면 때에 따라, 기분에 따라 그 쓰임새가 다양해진다. '키친클로스는 40×50cm, 4인용 테이블보는 200×130cm, 싱글사이즈의 홑이불 160×210cm는' 키친클로스와 같은 바느질법으로 사이즈만 달리해서 만들어보자. 다양한 살림살이들이 기분 좋게 쌓여간다. 친구 이름의 이니셜을 수놓아 의미 있는 선물을 하기에도 좋다.

HANSON
MODEL 1509
NOT LEGAL FOR TRADE
POSTAL SCALE
CAPACITY 5 POUNDS

때론 촉촉하고, 때론 바삭거리고,
이래저래 내추럴한 맛 가득한 리넨들
그저 쓱싹 잘라 가장자리만 접어 박아주면
주방 살림에 요긴하게 쓰이는 만능 살림꾼이 탄생된다.
여러 장 만들어 놓고 보면 일용할 양식을 쌓아둔 듯
마음까지 넉넉해지는 키친클로스!

# 오래된 빈티지 원피스

예뻐서, 그저 예뻐서
'언젠가는 입을 날 오겠지….'
하나씩, 둘씩 사모은
빈티지 꽃무늬 원피스들이 옷장 한가득이다.

빈티지 원피스들이 대부분 그렇듯
그 옛날 여인들은 모두 비비안리 허리였는지
옷이 작아도 아주 작다.
5년이 지나고, 10년이 지났건만,
변함이 없는 두툼한 나의 뱃살은 옷장 속
꽃치마들을 여전히 외면할 수밖에 없다.

아, 그렇다고
이렇게 계속 가둬둘 수는 없는 노릇
입을 수 없다면….

그래! 덮을 수라도 있게 가위질을 해보자!

반듯반듯 네모지게 한 장 한 장,
자르고 꿰매기를 반복하는 동안
낡고 오래되어 숨 죽어 있던 원피스들이
비로소 활짝 새로운 꽃을 피우기 시작한다.
찬란하고 황홀한 순간이다.

아… 바느질은 새 생명을 불어넣는 축복이었던가!

# 플라워 패치 이불

Flower Patchwork Bedding

HOW TO MAKE P.160

정사각형 조각을 이어붙이는 사각 패치워크. 퀼트에서는 '나인패치'라 불리며 오래 전부터 사랑받아 온 바느질 기법이다. 빈티지 원피스 여러 벌과 갖고 있던 플라워 패턴의 원단을 30×30cm로 틈틈이 잘라두었다가 조각 한 장 한 장 원단의 톤앤톤을 맞춰가며 짜깁기 해주니 환상적인 꽃무늬 이불로 재탄생되었다. 5온스 목화솜을 넣어 가벼우면서도 따스한 패치 이불은 여름을 제외한 모든 계절에 사용할 수 있다. 바느질을 하다 보면 꽤 많은 종류의 자투리 원단들이 버려지는데, 그럴 때 조금만 부지런을 떨어 정사각형 모양으로 오려두자. 이불 외에도 다양하게 패치워크해 쓸 수 있다.

패브릭으로
할 수 있는 멋진 일들

— EPISODE —

**04**

# 조카의 손맛

나에게는 일곱 살배기 어린 조카가 한 명 있다.
'미운 일곱 살'이라고 했던가?
까칠함이 이루 말할 수 없는 못 말리는 조카….
때론 미워서 한 대 '콕' 쥐어박고 싶지만
그런 그녀에게 꼼짝 못하고 무장해제 되는 순간이 있으니
바로 '마법의 손'을 나에게 휘두를 때이다.

조그만 손끝의 힘이 어찌나 맵고 섬세한지
매일 바느질 노동에 뻐근한 내 어깨는
그녀의 손놀림 몇 번으로 거짓말처럼 평온을 되찾는다.

20년간 서방님의 어깨를 주무르며
나름 갈고 닦아 온 아줌마의 손맛은
까칠한 그녀와의 보이지 않는 신경전에서
좀 밀린 듯하다.

그런 그녀에게 앞으로도 '잘 부탁한다'는 의미로
이모의 사랑이 담뿍 담긴 패치 이불을 선물해본다.

"이보게 어린 조카, 이모의 손맛은 좀 어떤가?"

# 다이아몬드 패치 이불

Diamond Patchwork Bedding

HOW TO MAKE P.162

이번엔 다이아몬드 모양의 패치워크다. 나인패치와는 다르게 좀 더 빈티지하며 역동적인 느낌이 든다. 노란색의 무지 원단과 연보라빛 플라워 패턴의 만남은 자칫 과감한 선택일 수 있으나 살짝 톤 다운된 보색의 조합으로 오히려 발랄함에 사랑스러움까지 전해진다. 목화솜까지 넣어 포근포근, 폭신폭신, 가볍고 따뜻한 기능에 정성까지 듬뿍 담아 만든 이불이다. 뾰족한 네 모서리가 만나는 지점은 연결할 때 세심한 주의가 필요하다.

# 플라워 패턴 베개

Flower Pattern Pillow

HOW TO MAKE P.165

쉐비 스타일의 블루 플라워 원단과 빈티지 플라워 자수보를 잘라 만든 베개다. 맘에 드는 원단을 고른 뒤 베개 솜통보다 가로 길이를 여유있게 재단하고, 지퍼 대신 리본을 달아 여밈을 해주면 심플하면서도 손쉽게 베개커버를 만들 수 있다. 베게 솜통도 일반 솜 대신 방울솜을 넣어 만들면 폭삭폭삭한 것이 일반 베개솜과는 확연한 차이가 난다. 개개인의 원하는 높이 정도에 따라 솜의 양도 조절해 나만의 베개를 만들어보자.

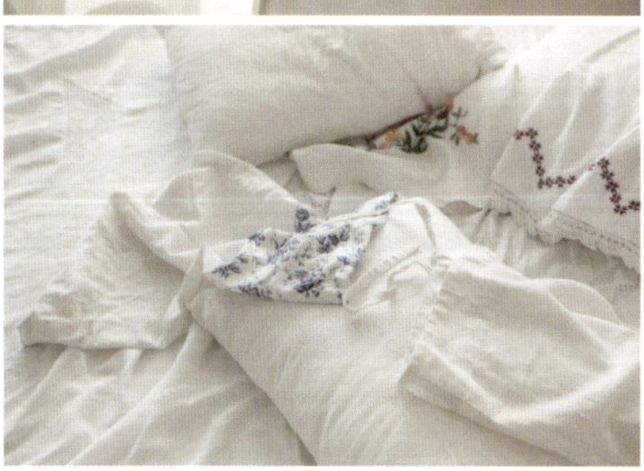

내 손으로 만든 살림살이들이 하나씩 하나씩 쌓여간다.

패브릭으로
할 수 있는 멋진 일들

— EPISODE —

**05**

# 가끔은 치수 따윈 잊자!

가끔 아무런 계획 없이 필요한 무언가를 만들곤 한다.
치수 하나 없이 시작하는 당돌한 작업이지만
의외의 결과물은 나를 감동시킨다.

버리려던 헌 옷을 뒤져 대충! 자른 뒤
안쪽에 솜을 덧대어 폭삭폭삭
네모난 냄비받침을 만들었다.

걸어두기 편하게 고리도 하나 달아보고
도톰하니 주방장갑으로 써도 되겠다 싶어
손잡이용 포켓도 붙여본다.

내친김에 스냅단추까지 달아
미니 파우치로도 활용해볼까?

일석삼조의 냄비받침 탄생!

Garfield
LEMON BRITE

## 일석삼조 냄비받침
Fabric Pot Holders

작아서 못 입게 된 핑크 스트라이프 반바지, 유행 지나 촌스러운 꽃무늬 원피스, 오래도록 입어 엉덩이는 헤졌지만 군데군데 멀쩡한 청바지…. 전부 리폼해서 냄비받침을 만들었다. 냄비받침의 기능 외에도 뜨거운 냄비를 집을 수 있는 집게와 미니 파우치, 벽걸이 포켓 등 다용도로 활용이 가능한 일석삼조의 기특한 녀석이다. 사랑스런 원단의 조합으로 무심코 던져만 두어도 예쁜 인테리어 소품 노릇까지 톡톡히 한다.

HOW TO MAKE P.169

NET WT. 32
7. Put the clothes in the
Hang delicates to air
Check tags if in doub

7. Put the clothes in the
Hang delicates to air
Check tags if in doub
ASH FEED

— EPISODE —

**06**

# 낭비의 시간

큰 의미를 두지 않고, 아무 생각도 없이
그저 시간을 허비하는 듯 보이는 취미의 시간.

쳇바퀴 돌듯 매일 똑같은 일상을 보내는 우리에게
취미의 시간이란 잠깐의 쉼표와 같은 것이다.

그중 꼬물딱 꼬물딱 손으로 하는… 손짓 거리는
행복하게도 살림살이 장만에 경제적 보탬까지 덤으로 준다.

바느질을 하고, 목공을 하고, 도자기를 만드는 시간은
세상 어디에도 없는 '내가 만든~~'이라는 꼬리표까지 달아주니
이 얼마나 들뜨고 가치 있는 일이던가!

괜한 시간 낭비는
나에 대한 무한한 애정이다.

STOKELY FOODS, INC.
FEBRUARY 1945

# 다용도 패브릭 월포켓

Fabrics Wall Pockets

HOW TO MAKE  P.171

질기고 튼튼한 15수의 오일 워싱 옥스퍼드 원단을 이용해 큼직한 사이즈의 대용량 월포켓이 완성되었다. 바느질 부자재, 목공용 도구, 아이들 장난감 등등 이것저것 잡동사니가 몽땅 수납되니 이보다 더 좋을 순 없다. 아일렛을 이용한 고리 형태의 걸이는 가위나 붓 같은 다양한 작업도구를 걸어두기 좋으며, 입체형으로 만든 각각의 포켓은 전체적인 모양을 잡아준다. 그 유명한 스토리지보드 '유텐실로' 따위 전혀 부럽지 않은 다용도 패브릭 월포켓으로 깔끔 수납 왕이 되어보자.

OODS. INC.
ARY 1945

# 작업용 에이프런
Working Apron

HOW TO MAKE P.175

짱짱하면서도 톡톡한 원단 옥스퍼드를 사용해 빈티지하면서도 실용적인 에이프런을 만들었다. 무릎 위로 올라오는 짧은 듯한 길이감은 작업 시 몸의 움직임을 자유롭게 도와준다. 휴대폰이며 작업도구를 넉넉히 수납할 수 있도록 각기 다른 사이즈의 포켓을 한가득 달아주었다. 부드러운 크림화이트 컬러와 빛바랜 듯한 블루 텍스트 원단의 색감 조합은 작업용이면서도 투박하지 않은 여성성을 드러내준다.

FINISHING
OIL

# 도시락 & 물병 파우치

Lunch Box & Water Bottle Pouch

HOW TO MAKE P.179

유행 지나 입지 않는 남편의 셔츠 등판을 오려내었다. 새 원단이 아니어도, 예쁜 원단이 아니어도 좋다. 가지고 있는 원단을 이용해 도시락 크기보다 살짝 여유 있게 재단해보자. 몇 번의 홈질로 꼬물거리다 보면 어느새 의미 있는 선물이 완성된다. 여밈 부분은 스트링도, 고무줄도 아닌 제천을 이용해 질끈 한 번 묶어 마무리하니 그 옛날 엄마가 싸주신 도시락 보자기처럼 정감이 간다.

아이들을 위해, 남편을 위해, 때론 친구를 위해
소박하지만 정성이 담긴 도시락을 준비해본다.
도시락은 받는 이에게도 감동이지만,
준비하는 내가 먼저 신이 나서 설레발이다.
이왕 주는 감동, 그 두배가 되도록
도시락 주머니와 물통 주머니까지 만들었다.
주머니를 풀면 나올 따뜻한 집밥에 괜히 으쓱해지고,
예전 엄마들이 보자기에 꽁꽁 싸온 그것과 꼭 닮아
방울방울 따뜻한 추억도 샘솟는다.

— EPISODE —

**07**

# 패션의 완성은, 고무줄 치마?

패션의 완성은
얼굴? 몸매? 아니면, 청춘?

그러든지 말든지 우리 아줌마들의 패션은
직접 만들어 입는 스커트 한 장으로 마무리 해보련다.

쫘악쫘악 늘어나는 고무줄 허리와 넓은 치마폭은
어쩔 수 없는 우리네의 뱃살을 거뜬히 커버하며
양껏 먹고 난 후 밀려오는 살들의 압박에서도 해방시켜 줄 것이다.

## '내 이름은 일명 고무줄 치마!'

이미 줌마들의 필요충분 조건이 되어버린 고무줄 치마!
이제 각 개인의 취향과 선택만이 남았다.

소재에 따라, 컬러에 따라, 패턴에 따라
같은 디자인 다른 패턴으로 여러 개 만들어 두고
때와 장소에 맞춰 골라 입기만 하면,
그 순간 우리들은 이미 패셔니스타!

아줌마들이여~~
얼짱, 몸짱, 청춘들에게 쫄지 말자!

## 언제나 당당하게, 꿋꿋하게, 화이팅!

# 포 뷰 밴딩 스커트

Four View Banding Skirt

만들기도 쉽고, 입어서도 편하고, 스타일도 사는 같은 디자인, 다른 패턴의 4가지 스타일, 이름하여 포 뷰 밴딩 스커트!

**1 view**

내추럴한 색감의 힘있는 무지 리넨이다. 리넨 특유의 바삭하면서도 찰랑이는 질감은 몸을 편하게 감싸주는 맛이 있다. 어떤 상의를 매치해도 예쁘게 소화해내는 리넨은 한마디로 "있어 보인다!"

**2 view**

화려한 색감과 큼직한 튤립을 모티브로 한 프린트가 한눈에 시선을 사로잡는다. 여성스러우면서도 생동감 있는 튤립의 패턴이 자칫 과할 수 있으므로 상의는 최대한 심플한 컬러와 매치해보자.

**3 view**

차분한 자주빛과 지루하지 않은 도트 프린트의 조화는 세련되면서도 깜찍하기까지 하다. 티셔츠와 스니커즈에도 예쁘게 매치가 가능하니 캐주얼하게 입어도 좋겠다.

**4 view**

화이트 바탕에 도도한 느낌의 블랙 스트라이프의 조화가 딱 예쁜 간격으로 디자인되어 깔끔하면서도 경쾌하다. 스트라이프가 포인트이므로 상의는 최대한 심플한 것으로 선택하자.

HOW TO MAKE P.182

# 가방에 담다.

엉덩이를 들썩들썩, 몸이 움직여진다.
외출이 고픈 게다.

점심 파스타를 위한 지폐 몇 장,
카페에서 잠시 즐길 책 두어 권,
나무 그늘 아래 펼쳐 놓을 바느질거리….

넉넉한 가방은 한없이 여유롭다.

덤으로 연한 마음, 느린 걸음걸이,
내려놓기, 수줍은 기대, 헤픈 미소… 까지도 담아보자.

집으로 돌아오는 가방 안엔 어떤 이야깃거리가 담겨있을까?
오늘 저녁 메뉴로 아이들과 함께 꼭꼭 씹어봐야겠다.

바느질감 챙겨서 소풍 가고픈 날…
날씨 참 좋네요.

FINE

# 롱 롱 패치 쇼퍼백

Long Long Patchwork Shopper Bag

HOW TO MAKE P.184

화사한 플라워 패턴과 스트라이프, 체크 등 다양한 패턴의 패브릭 조각을 길쭉길쭉하게 패치워크하고, 그 위에 영문 텍스트 프린팅 원단과 빈티지 피드색을 장식으로 덧붙여 만든 쇼퍼백이다. 바디는 물론 어깨끈까지 퀼팅솜을 덧대주었더니 팔이나 어깨에 걸쳐 메었을 때 폭신폭신 편안함을 준다. 가방 속 내용물을 보호함과 동시에 벌어짐도 막을 수 있게 가방 안쪽으로 스냅단추를 단 여밈 장식을 달아주었다.

PROPERLY MIXED
MANUFACTURED SINCE 1912
SONS & BENNETT, INC.
FINE

# 플라워 보스턴백

Flower Boston Bag

HOW TO MAKE P.188

붓 터치를 더한 듯한 컬러 믹싱 플라워 패턴이 산뜻하면서도 서정적이기까지 하다. 이런 화려한 원단일수록 레이스를 달거나 하는 여성스러움을 덧대는 작업은 금물! 오히려 무뚝뚝해 보이는 보스턴백을 만들었더니 훨씬 더 멋스러움이 묻어난다. 40수 면의 얇은 원단임에도 퀼팅솜을 덧대어 퀼팅까지 신경 썼더니 모양새가 제법 그럴싸하다. 손에 잡을 수 있는 핸들과 고리를 연결해 어깨에 멜 수 있는 핸들까지 두 가지를 만들었으므로 상황에 따라 탈부착하면 된다. 베이직한 스커트, 진, 스니커즈 등 편안한 캐주얼룩에 매치하기 좋은 실용적인 가방이다.

패브릭으로
할 수 있는 멋진 일들

— EPISODE —

09

# 나의 첫 번째 보물

아무런 준비 없이 '엄마'라는 이름표를 달아버린
어설픈 1997년의 가을….

뽀오얀 솜털뭉치로 불쑥 내게 안겨

## '엄마, 안녕!'

우렁찬 울음으로 첫인사를 건네던 나의 첫 딸!
환한 빛의 세계를 갈망하듯 호기심 어린 똘망똘망한 눈망울
배가 고픈 건지 연신 오물오물 대던 겨자씨만한 입술
달콤한 슈거파우더 향이 날 것 같은 부드러운 금빛 머리털
엄마라는 위대한 이름을 얻게 해준
너의 표정과 몸짓 하나하나… 그 모든 것을
눈에 담고, 가슴에 담아 교감했던 경이로운 생명 탄생의 순간….

바로 엊그제 같았던 너의 탄생이
벌써 20년이나 저만치 물러나 있구나.

그렇게 긴 세월이 지났음에도
여전히 너는 엄마의 '첫 번째 보물'

애면글면 또 그렇게 20년, 30년이 지나도

'사랑해… 내 아가….'

## 소녀 오버롤 팬츠
Girl's Overall Pants

HOW TO MAKE P.192

여성스러운 스커트의 분위기와 함께 바지의 활동적인 매력까지 느낄 수 있는 일명 '치마바지'다. 바람에 나풀거리는 30수 정도의 코튼 원단은 원피스 만들기에 참으로 적합하다. 잔잔한 빈티지 꽃무늬 프린트와 귀여운 어깨끈의 조합으로 소녀감성 가득한 오버롤 팬츠가 완성되었다. 상의를 안쪽으로 넣어 입을 수 있도록 앞쪽 허리는 단정하게, 편안한 움직임을 위해 뒤쪽 허리는 고무줄을 넣어 밴딩 처리했다. 어깨끈의 길이 조절이 가능하게 만들었으니 스냅단추는 내 몸에 맞는 위치에 달아 입으면 된다.

— EPISODE —

**10**

# 바느질… 그 이상…

20년 전이다.
처음 재봉틀을 들인 것이 첫애 임신 중이었을 때였다.

태교 삼아 출산용품들 하나씩 꼼지락거려 만들어보며
그저 손끝에서 무언가 탄생된다는 즐거움으로 바느질 생활을 시작했었다.
그러다 몇 해 뒤엔 연년생으로 태어난 아들 형제를 키우면서 시작된 육아전쟁에서는
바느질마저 사치로 느껴져 모든 걸 손에서 놓고 육아에 전념하던 때도 있었다.
그때는 바느질이란 것이 그저 내 생활의 아주 작은 일부였기에
생각나면 하고, 또 몇 년간은 손을 놓기도 하던 가벼운 일이었다.

하지만, 이젠… 바느질 없는 삶을 상상할 수 없게 되었다.
그동안 무수한 작품을 탄생시켰고
그 작품들은 곧 집안 곳곳의 살림살이로 이어졌다.
나와 별개로 떼어낼 수 없는 분신처럼 되어버린 핸드메이드 라이프
한 땀 한 땀 표현되는 나의 바느질놀이는
나를 표현하는 하나의 예술작품이다.

낭만상회

보석보다 찬란한 아이들….
그 아이들을 위해 한 땀 한 땀 정성 들여 만든
배냇저고리와 조각 이불로 시작된 바느질은
나의 삶 곳곳에 소소한 행복이 되어
지금까지 함께 해오고 있다.

## 새활용 키즈 에이프런

Up-Cycle Kids Apron

HOW TO MAKE P.195

다시 쓰는 것이 아니라 재탄생되어 새로운 용도로 쓰여지기에 재활용이 아닌 새활용이라 불려지는 것이 요즘의 리폼 트렌드다. 마르고 닳도록 입어대던 딸아이의 작아진 점퍼 스커트를 미련 없이 싹둑 잘라 꼬맹이들의 에이프런으로 새활용하였다. 원피스의 한쪽 옆선을 뜯어 쫘악 펼친 후 윗부분은 깜찍한 미니 에이프런으로, 아랫부분은 쉐프 느낌의 키즈 에이프런으로 만드니 작아진 옷도 버릴게 하나 없다.

## 새활용 키즈 크로스백

Up-Cycle Kids Cross Bag

HOW TO MAKE P.198

이번엔 작아진 꼬맹이들의 겨울 외투를 새활용해보았다. 재킷 안쪽의 양털 부분을 제거한 후 맘에 드는 널찍한 부분을 골라 바디로 쓰고 본래의 포켓도 떼어내어 그대로 달아놓으니 오래 전부터 들고 다녔던 것마냥 낯설지가 않다. 크로스로 어깨에 멜 수 있도록 기다란 가죽끈을 달아주었더니 양손을 자유롭게 쓸 수 있어 아이들도 참 좋아한다.

특별한 준비 작업도 필요 없고,
골치 아픈 숫자 조합도 필요 없고,
실패 따윈 없기에 두려움 없이 도전할 수 있는,
고민과 열정으로 탄생된 결과물은
살림에 큰 보탬이 되는 것과 동시에
혼자 노는 즐거움까지 선사하니
이 얼마나 아름다운 행위인가?

바느질이란 바로 이런 것이다!

패브릭으로
할 수 있는 멋진 일들

— EPISODE —

11

# 딸과의 여행

흘려 보내는 시간이 아까웠던
2016년의 어느 날

눈빛 교감 하나로 모녀는 큼지막한 배낭 하나씩
어깨에 둘러멘다.

다가가기….

내가 너에게… 네가 나에게….

그렇게 딸과 나는 친구가 되어간다.

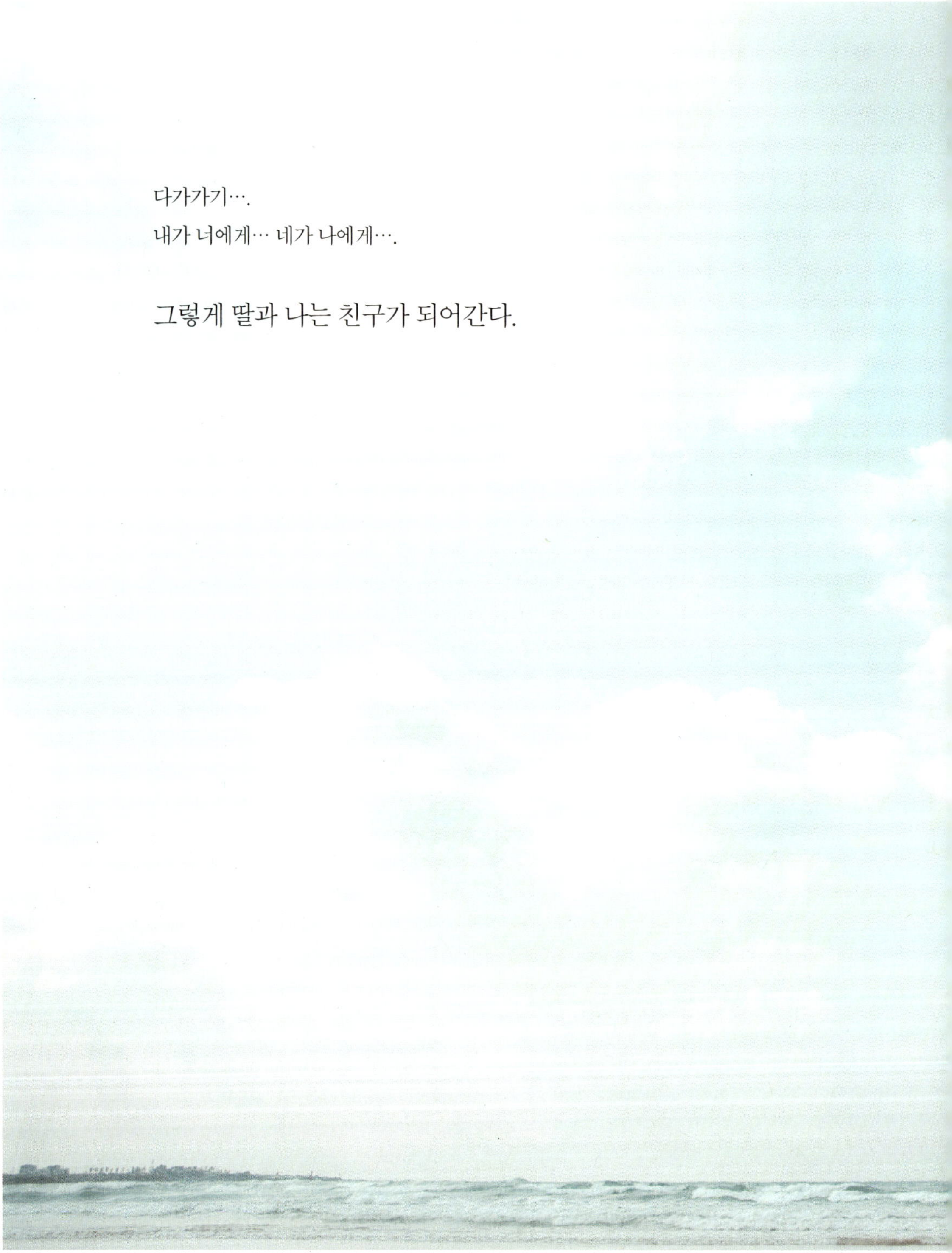

여행은, 잠시…
햇살 한 줌과 바람 한 가닥을 잡아
들꽃 한 송이와 함께 마음 안의 액자에 걸어두는 것!

여행은, 가끔…
내가 기억하고 있는 선명 함들이
꼭 초록색이 아니어도 괜찮다 하는 것!

여행은, 어쩌면…
나를 나답게 들여다 볼 수 있는 익숙한 시간이면서
의식하지 못했던 또 다른 나와 마주하는 낯설기도 한 시간!

여행은, 나에게…
얽매여 있던 많은 것에서 벗어날 용기를 일깨우고
넓은 관용을 베풀 기회를 주는 최고의 시간!

여행은, 그리하여…
영혼이 자유로울 때
가장 멋지게 즐길 수 있는 것!

하지만, 여행은…
특별할 것 하나 없는
보통의 푸르른 나날들….

나는 매일을 여행한다.

# 카무플라주 백팩

Camouflage Backpack

HOW TO MAKE P.200

15수의 톡톡하고 듬직한 옥스퍼드 원단은 가방 만들기에 제격이다. 입체감 있는 지퍼 포켓은 활용도가 높으며, 안쪽 포켓 또한 중요한 소지품을 넣어두기에 딱 좋다. 폭신한 어깨끈은 여행 중의 피로감마저 덜어줄 것이다. 가방 입구의 조리개식 여밈과 가죽바이어스로 마감한 덮개까지….

어느 하나 정성을 다하지 않은 것이 없다. 톤 다운된 그린 컬러의 카무플라주 패턴이 주는 빈티지하면서도 보이시한 느낌은 기본적인 캐주얼 스타일 또는 여성스러운 원피스 스타일에도 잘 어울리겠다.

# 미니 크로스백
Mini Cross Bag

빈티지하고 투박한 컬러에 플라워 프린팅을 더했더니 그 조화가 참 예쁘다. 손을 자유롭게 해주는 크로스백은 여행 중의 세컨드 백으로 활용도가 높다. 안쪽 여러 개의 오픈 포켓과 지퍼 포켓은 여권, 폰, 지갑 등 자그마한 소지품을 넣기에도 그만이다. 가죽 크로스끈을 달아주었더니 고급스러운 퀄리티가 묻어난다. 만들기가 복잡할 것 같지만 종이접기를 하듯 설명서를 따라 차근차근 바느질하면, 생각보다 어렵지 않게 완성할 수 있을 것이다.

HOW TO MAKE P.206

산다는 건 참으로 별것 없는 것 같아!

우린 이렇게 잘 살고 있잖아.
앞으로도 그럴 거잖아.

그러니까,
충분히 여행할 자격이 있어.

너와 나
우리 말이야!

# 커플 파자마 팬츠
Couple Pajamas Pants

HOW TO MAKE P.210

시원시원한 스트라이프 패턴의 원단과 앙증맞은 플라워 패턴을 조합한 파자마 팬츠. 땀 흡수가 잘 되며 삶기에도 좋은 100% 코튼 원단을 사용했다. 허리를 밴딩 처리한 고무줄 바지이지만 주름 분을 최소화하여 입었을 때 뚱뚱해 보이지 않는다. 활동하기 편한 넉넉한 사이즈와 손을 넣을 수 있는 깊숙한 양쪽 포켓은 참으로 실용적이다. 휴가 떠나는 여행지에서 입기 좋으니 여행가방 안에 꼭 챙겨가자.

기억하고 또 기억할게…

아쉬운 여행, 잠시 안녕…

# 낭만상회

마마즈테이블에서 바느질 수업을 듣는 수강생들과
일주일에 두어 번 차를 마시며 바느질을 하고,
수다를 떠는 그러한 소박한 일상들이 여전히 행복하지만,
문득, 그녀들과 기억에 남을 만한 무언가를 해보고 싶다는 생각이 들었다.

엄마로서, 아내로서, 주부로서
그 자리 역시 감사하고 행복한 일임에 틀림없다.
하지만, 가끔은 과감하고 재미있는 일탈을 꿈꾼다.
요즘 핫플레이스에서 열리는 프리마켓이 대세라는데
우리 또한, 그동안 정성 들여 만든 바느질 작품을
더 많은 이들과 소통해보는 것이다.
나의 갑작스러운 제안에 그녀들은 한치의 망설임도 없이 씩씩하게 대답했다.

"그래! 해보입시다!!"

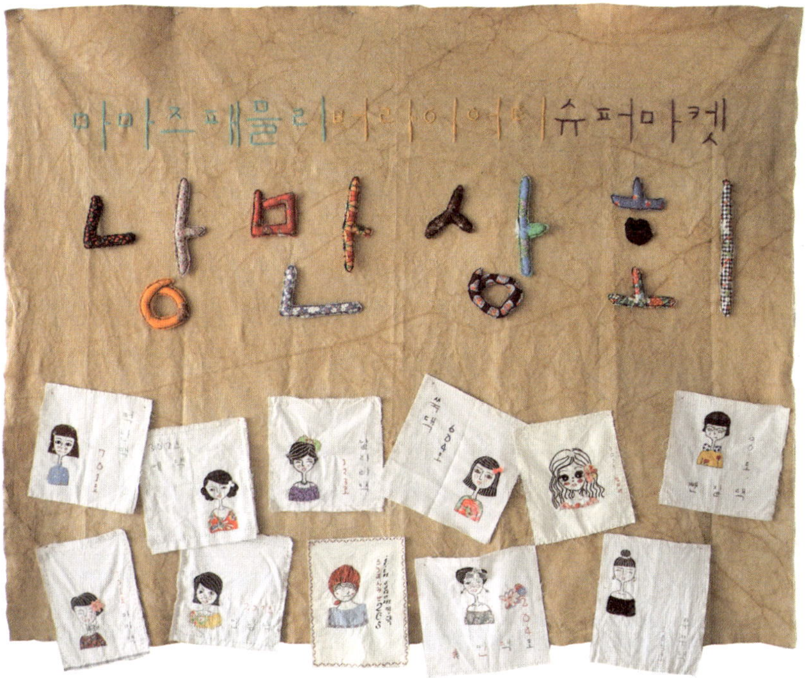

그리하여 탄생된 것이 마마즈패밀리 군단의 감성 프리마켓!

낭. 만. 상. 회.

바느질에 대한 애정과 삶에 대한 열정이 합해져

프리마켓의 셀러라는 또 다른 방식으로

오늘 하루 멋지게 살아본다!

상회

Peace, Love & Free

中央公民館

EVERY DAY

Mama's Table

고요하고 평화롭던 일상을 잠시 멈추고
엉뚱한 마마의 뜬금없는 프로젝트 제안에 흔쾌히 승낙을 해주었던
나의 사랑스러운 마마즈패밀리!

행사 날을 잡고 시간이 촉박한 탓을 핑계로 보이지 않는 압력을 가했음에도
어느 누구 뾰로통한 입술을 보이지 않았다.

그저 평범한 주부였던 내가 읍내 언저리에 자그마한 작업실을 내고
동네 축제 같았던, 엄청난 행사를 치러낼 수 있었던 건
셀러 한 명 한 명 그들 안에 가둬 둔
섬세하고 농도 깊은 감성 에너지를 아낌없이 폭발해준 덕분일 것이다.

처음이라 많이 부족하고 서툴렀지만
'나 혼자가 아닌, 우리'라는 어마 무시한 힘이 이 모든 걸 가능하게 했다.

이렇게 같은 감성 하나로도 충분히 배부르고, 충분히 반짝일 수 있으며,
충분히 영화 속 주인공들처럼 살 수 있다는 걸 절감해 본다.
함께한 그녀들… 고맙고, 또 고맙고… 사랑한다.

우리들의 이 행복한 울림, 오래도록 이어가길….

가끔 산다는 게 팍팍하게 느껴질 때
내가 진정으로 행복했던 때를 떠올려본다.

나를 꽃피울 수 있는 햇살 한 줌
패브릭 위로 살랑거리는 핑크빛 바람

내 삶이 부엌데기라도 그래서 좋은가 보다.
난 어쩔 수 없는 핸드메이더 바느질쟁이!

mama's table
NEEDLE BOOK

# & mama's sewing style

더마마의 소잉 스타일

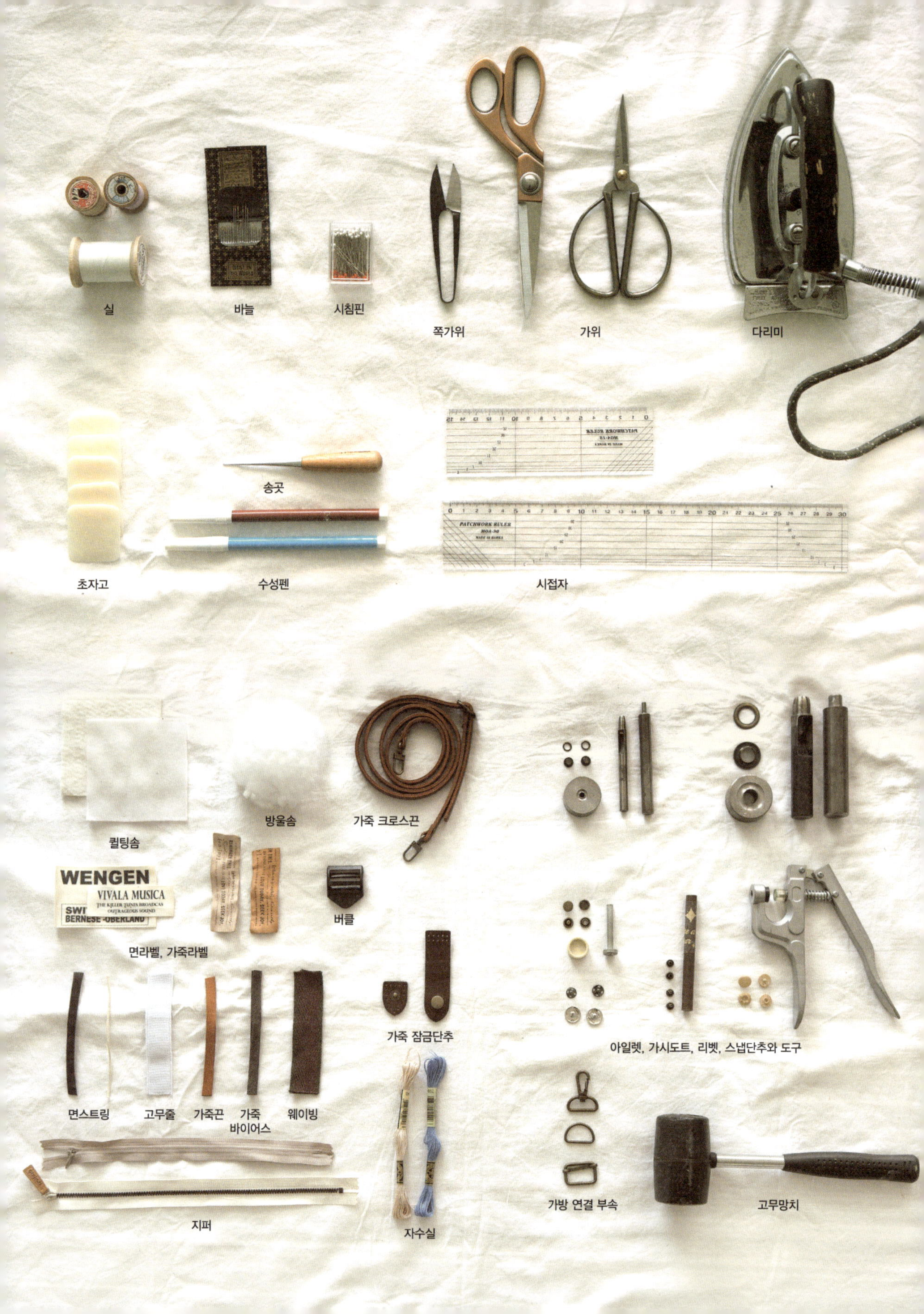

실
바늘
시침핀
쪽가위
가위
다리미
PATCHWORK RULER
초자고
송곳
수성펜
시접자
퀼팅솜
방울솜
가죽 크로스끈
WENGEN
VIVALA MUSICA
BERNESE -OBERLAND
면라벨, 가죽라벨
버클
가죽 잠금단추
아일렛, 가시도트, 리벳, 스냅단추와 도구
면스트링
고무줄
가죽끈
가죽 바이어스
웨이빙
지퍼
자수실
가방 연결 부속
고무망치

*sewing style 1*

# 손바느질에 사용되는 기본 도구와 부자재

**실**
반짝임이 거의 없는 면사를 주로 사용한다. 값비싼 수입 퀼팅실이 아니어도 괜찮다.

**바늘**
바느질할 때 내 손에 편안한 바늘의 굵기와 길이가 있다. 그게 제일 좋은 바늘이다.

**시침핀**
원단이 밀리지 않도록 고정용으로 쓴다. 부피가 큰 작품들은 시침핀보다는 시침질을 권한다.

**쪽가위**
남은 실밥 정리, 잘못된 재봉선을 뜯을 때, 가위집을 낼 때 쓴다.

**가위**
의류, 커튼, 이불 등을 재단할 용도의 큰 가위, 작은 소품을 재단할 용도의 중간 크기 가위 이렇게 두 개면 충분하다.

**다리미**
원단을 뒤집거나 시접을 접은 후 등등 곁에 두고 수시로 다림질해주면 작품의 완성도를 높일 수 있다.

**초자고**
흰색으로 어두운 원단에 패턴을 그릴 때 사용한다. 열에 녹아 사라진다.

**송곳**
스냅단추의 위치를 표시할 때, 모서리 부분을 깔끔하게 정리할 때 등등 두루두루 사용된다.

**수성펜**
물에 잘 지워지나 오래 두면 흔적이 남을 수 있으니 만든 직후 손세탁하는 습관을 들이도록 하자.

**시접자**
5mm, 7mm 등 미세한 시접 수치까지 표기되어 있어 소품 재단하기에 편리하다.

**퀼팅솜**
솜을 압축시켜 놓은 것으로 일반 소품은 3온스에서 4온스, 이불이나 블랭킷에는 5온스 솜이 적당하다.

**방울솜**
일반 솜에 비해 뭉침이 적고 쿠션감이 좋아 자주 사용한다. 베개와 쿠션 솜통에 사용했다.

**가죽 크로스끈**
끝부분에 가방 연결고리가 있어 크로스 가방에 쉽게 부착할 수 있다.

**면라벨, 가죽라벨**
가죽 라벨은 물에 살짝 담근 후 말려 사용하면 빈티지한 맛을 더 낼 수 있다.

**버클**
백팩의 어깨끈 길이를 조절할 때 쓰이며, 웨이빙의 폭에 맞는 사이즈를 사용한다.

**면스트링**
조리개 파우치의 조임에나 에이프런의 끈으로 사용한다.

**고무줄**
스커트나 바지에 사용한다. 스커트 고무줄은 폭이 넓어야 허리가 편안하다.

**가죽끈**
주로 가방 끈에 사용한다. 가방에 부착시킬 때는 가죽끈의 끝을 리벳으로 고정시키면 된다.

**가죽 바이어스**
가죽 바이어스를 이용해 백팩의 뚜껑을 마감했더니 그 느낌이 한결 더 빈티지스러워졌다.

**웨이빙**
주로 가방끈에 사용한다.

**가죽 잠금단추**
백팩의 뚜껑 여밈으로 사용했던 부자재다. 짱짱한 실을 사용해 부착한다.

**지퍼**
금속으로 된 톱니보다는 플라스틱으로 된 톱니가 여닫기에 부드럽다.

**자수실**
수를 놓거나 색을 넣어 퀼팅할 때 사용한다.

**아일렛, 가시도트, 리벳, 스냅단추와 도구**
가방끈의 부착 또는 가방의 여밈과 장식용으로 쓰인다.

**가방 연결 부속**
크기별로 여러 종류가 있으니 웨이빙의 폭에 맞춰 준비한다.

**고무망치**
금속 도구를 내리칠 때 사용한다. 고무이지만 무게감이 있으니 주의해서 사용하자.

*sewing style 2*

# 더마마가 즐겨 사용하는 패브릭

**리넨** *Linen*

화려하고 강렬한 멋은 없지만 편안하고 자연스러운 느낌이 오래간다. 바스락 바스락 거친 듯 하면서도 찰랑찰랑거리고, 흡수력과 통기성이 좋아 뽀송뽀송하다. 원피스, 이불, 키친클로스… 무얼 만들어도 행복해지는, 여름에 특히 진가를 발휘하는 친구 같은 패브릭 리넨이다.

**코튼** *Cotton*

손바느질에서 빼놓을 수 없는 원단, 바로 면이다. 실의 굵기에 따라, 원단의 염색 방법에 따라 다양한 종류가 있으며 세탁도 용이하고, 보온성도 뛰어나다. 어떤 원단과도 자연스럽게 조화되기에 모든 것을 평정할 수 있는 중화된 멋을 가지고 있다. 평온하며 넉넉함에 언제나 보고만 있어도 배가 부른… 나의 가족을 꼭 닮은 면 원단 또한 커튼, 앞치마, 파우치 등 손바느질의 모든 것을 가능하게 한다.

**옥스퍼드** *Oxford*

굵은 실로 두껍게 짜인 면 원단을 일컫는데 그 중 한 번 세탁되어 뻣뻣한 감을 없앤 워싱 옥스퍼드 원단을 즐겨 사용한다. 군더더기 없는 깔끔함에 부드러움이 살짝 가미된 워싱 옥스퍼드. 눈으로 보여지는 화려함보다 패브릭의 본질은 톡톡한 질감에 있다고 자신하는 듯하다. 그런 특징으로 탄탄하게 박음질되어야 하는 가방, 파우치, 쿠션 등을 만들기에 단연 으뜸이라 할 수 있다.

**빈티지 패브릭** *Vintage Fabric*

아주 오래 전 누군가 만들고 사용했던 레이스로 짜인 테이블클로스와 곱게 수놓아진 테이블클로스들…. 새 것과는 달리 편안함이 묻어나 세월이 지나도 질리지가 않는다. 깨끗하게 프린트된 새 원단에서는 찾을 수 없는 아련한 그리움까지 묻어날 것 같은 몽환적 메시지가 가득 담긴 빈티지 패브릭들. 그 어떤 원단보다 즐겨 사용하는 원단이다. 그대로도 멋있어서 가끔 잘라내기 아까울 때도 있지만, 나의 핸드메이드 작품에 새롭게 활용됨으로써 과거와 현재가 연결되는 듯한 교감의 매력은 충분히 나를 설레게 한다.

sewing style 3

# 패브릭, 이런 조합 어때요?

**체크, 스트라이프, 도트, 플라워 패턴**
가장 기본적이면서도 성공률 100%의 패브릭 조합이다. 잔무늬의 튀지 않는 은은한 패턴들은 바느질 입문자나 과감한 패브릭 매칭에 자신 없을 때 부담 없이 시도할 수 있다.

**파스텔톤의 칼라**
하얀색 무지 리넨에 청해지 스트라이프, 중간 크기의 옐로 체크와 핑크빛 플라워 패턴은 깨끗하면서도 상쾌한 분위기를 자아낸다. 이런 파스텔톤의 각기 다른 패턴의 조합은 차분하면서도 멋스럽다.

**빈티지 피드색**
19세기에 농부들이 밀가루와 설탕을 담는 곡물 주머니로 제작된 것이 피드색Feed sacks이라고 한다. 파스텔톤의 다양한 패턴들은 수줍음 가득한 소녀의 감성을 담고 있다. 다양한 패턴들이지만 어떻게 조합해도 다 잘 어울리는 빈티지 패브릭 피드색은 한마디로 사랑이다.

**빅플라워 프린트 원단**
예쁜 꽃의 자태로 서로들 화려한 개성을 뽐내고 있으나 어느 하나 튀지 않는다. 화려함에 화려함을 더했으나 천박하지도 않다. 빅플라워들의 조합으로 가끔은 황홀한 매력에 빠져보자.

**무지 리넨**

그냥 아무 것도 조합하지 않고, 단색의 무지 리넨만 이용해보자. 깨끗한 화이트 리넨 조각들은 봄날 오후의 낮잠마냥 평온한 느낌을 준다.

**심플한 패턴 원단과 텍스트 프린트**

텍스트의 의미 따위는 중요하지 않다. 하나의 프린트로 자리잡은 텍스트 패턴의 패브릭은 스니커즈와 청바지 같은 캐주얼한 분위기를 내주어 보이시한 스타일의 가방 만들기에 아주 적합하다.

**단추, 레이스, 라벨**

패브릭 조합에 있어 신경 쓸 수 있는 것은 원단에만 국한되지 않는다. 다양한 색상과 모양의 단추들과 레이스, 라벨들은 밋밋했던 패브릭 조합에 디저트의 토핑처럼 재미난 볼거리를 제공한다.

**다양한 복고 스타일 체크 원단**

유년시절 다 낡아 구멍 난 청바지 위에 덧대어졌던… 유난히도 촌스럽게 느껴지던 색상의 체크들을 모아본다. 그 시절 엄마의 몸빼바지 속 화려한 꽃무늬를 더하니 7080세대의 낭만과 추억이 가득 묻어 나온다.

sewing style 4

# 더마마의 패브릭 구입 정보

## 네스홈

**www.nesshome.com**

이미 원단업계에서 인정받은 대한민국 최고의 원단 쇼핑몰. 디자인 자체 개발에서부터 가공, 생산까지 모든 공정이 이루어지므로 믿고 구입하게 되는 업체이다. 네스홈 서포터즈, 린네니아의 다양한 작품활동을 보여줌으로써 핸드메이더들의 고민을 조금이나마 덜어주고 있다.

**서울동대문점** 서울시 종로구 종로6가 289-3 A동 5층 5117호
T 02-2285-4803
**부산진시장점** 부산시 동구 범일동 294-2
T 051-636-4803

## 데일리라이크

**www.dailylike.co.kr**

젊은 계층의 감성에 맞춘 제품과 이미지를 선사하는 감각적인 원단 쇼핑몰이다. 트렌디한 패턴 하나로 원단, 디자인문구, 인테리어 소품, 리빙까지 폭넓은 제품들이 출시되고 있다.

T 1644-2309

## 심플소잉

**www.simplesewing.co.kr**

일본 원단을 비롯한 외국 유명디자이너 원단, 각종 부자재, 바느질 관련 서적들까지 바느질의 모든 것이 준비되어 있는 쇼핑몰이다. 트렌드에 맞게 업데이트도 자주 되어 즐겨 찾는 곳이다.

T 1644-5662

## 쏘잉앳홈

**www.sewing-athome.com**

빈티지 패브릭 피드색을 구입할 때 자주 찾는 곳이다. 쥔장의 정성 어린 손바느질로 탄생된 사랑스런 작품들도 볼 수 있다. 원단 외에도 만들기 패키지 구입도 가능하다.

T 010-2047-4680
INSTAGRAM athomemari

## 위드코튼

**www.withcotton.cafe24.com**

다양한 피드색과 빈티지 패브릭, 유와 리넨이 준비되어 있는 위드코튼은 합리적인 가격과 신상 업데이트가 발 빠른 곳이다. 초보자들을 위한 활용도 높은 만들기 패키지도 준비되어 있다.

T 070-4140-0896

## 케네디무역

엄청난 양의 빈티지 자수보, 레이스보와 빈티지 블라우스를 보유하고 있어 구경하는데도 한참이나 걸린다. 착한 가격과 사장님의 높은 안목으로 마니아들 사이에서도 인기 있는 곳이다. 마마가 사용하는 빈티지 자수보의 50% 이상은 이곳에서 구매하고 있다.

A 부산시 동구 범일로 87
T 010-4556-7432

# 더마마의 소품 구입 정보

## 쎗(ss3tt)

빈티지 보물창고, '창곳'의 주인장이자 감성 캠핑의 선두주자 사뿐이 운영하는 쇼룸이다. 현재 문화마켓으로 자리잡은 플리마켓 마켓움을 주관하며 많은 이들과 소통하고 있으며 빈티지를 비롯한 북유럽풍 가구와 소품들을 선보이는 쎗 또한 그녀만의 고급스러운 감각을 보여준다.

A 부산시 해운대구 중동힐스테이트 306동 103호
T 010-6878-9811
INSTAGRAM sapoon_oni

## 베리잼

www.verygem.net

마마즈테이블을 오픈하면서 우연히 알게 된 빈티지 소품 판매 블로그이다. 사랑스런 빈티지 소품을 깔끔한 사진으로 촬영해 소비자들의 두 눈을 즐겁게 해준다. 구입하는 것마다 90% 이상의 만족도를 안겨주므로 자주 애용하는 곳이다.

T 010-9372-3905

## 아이엠마마

www.blog.naver.com/denger99

화이트 빈티지 가구, 소품들을 주문, 제작하는 곳이다. 레트로 빈티지 기법을 이용해 새 가구를 자연스럽게 헌 가구 느낌으로 만드는가 하면 독특한 미적감각으로 카페, 공방 등의 인테리어 스타일링도 해오고 있다.

A 경남 김해시 율하2로 126번길 14-16
T 010-7933-5700
INSTAGRAM iammama.nim

## 아트앤크래프트

www.artncraft.kr

빈티지, 북유럽, 인더스트리얼 등 다양한 스타일의 가구를 판매하는 업체이다. 영화, 드라마 등 많은 매체에 협찬하고 있다. 쇼핑몰과 오프라인 매장이 있으며 창고형 오프라인 매장은 영화 '뷰티플 인사이드'의 촬영장소이기도 하다.

A 부산시 사상구 학감대로 147번길 16 성창사 3층
T 070-7019-7482

## 우리가게

얼마 전 오픈한 조그마한 잡화점이다. 잡화점답게 없는 거 빼고 다 있는 재미난 곳이다. 빈티지 의류와 그릇들이 예뻐 자주 찾는 마마의 단골가게. 당연 카페라는 착각이 들 정도로 감각적인 인테리어가 자랑이다.

A 경남 양산시 물금읍 범어리 511-1
T 010-4554-6141
INSTAGRAM flowerinstory

## 비올레아뜰리에

송정 바닷가에 위치한 캔들숍 겸 공방이다. 캔들 외에도 요즘 핫한 초록이들로 가득 채워진 아름다운 그녀의 숍은 이미 인스타에서 입소문이 자자하다.

A 부산시 해운대구 송정구덕포길 64
T 010-8746-8861
INSTAGRAM violetcho886

Paceseller
brother

# HOW TO MAKE

살림이 되는 손바느질

# 자수 포켓 에이프런

Embroidery Pocket Apron P.24

**완성사이즈** 65×68cm(허리둘레×스커트 길이)

**재료** 리넨(화이트) 2마

**부자재** 플라스틱 스냅단추(화이트) 2set, 자수실(DMC 3842번, 799번, 543번, 453번)

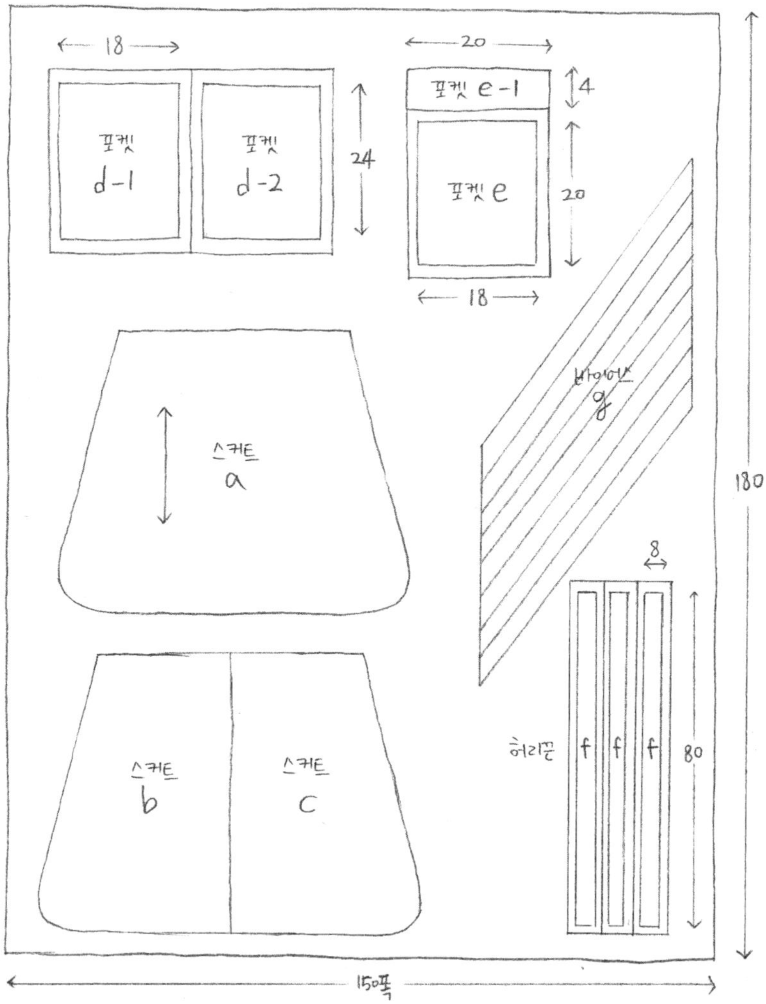


플라스틱 스냅단추 - 2 set

자수실 - 4가지

※ 그림에 별도 표기되지 않은 시접은 통상 1cm로 한다.

## 1. 자수 포켓 만들기

❶ e의 앞면에 자수 패턴을 먹지에 대고 옮겨 그린 후 수를 놓는다.(실물 패턴 참고)

❷ 그림과 같이 e의 입구부분을 e-1으로 감싸 마무리한다.

❸ d-1 위에 e를 올려놓은 후 그 위에 d-2를 올리고 창구멍 8㎝를 남긴 뒤 박는다.
창구멍으로 뒤집어서 창구멍은 공그르기 한다.

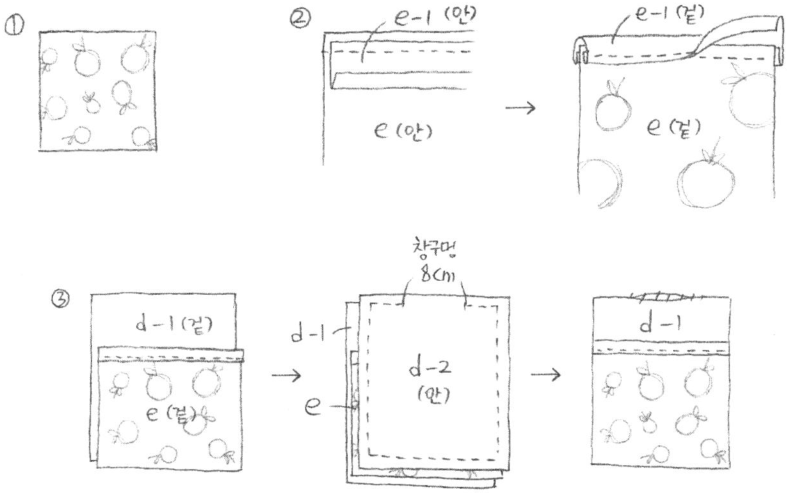


## 2. 바이어스 연결하기 바이어스용 g를 모두 그림과 같이 연결해 놓는다.

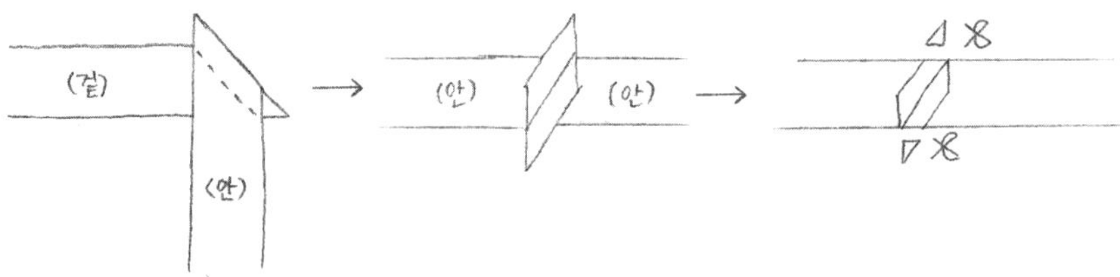


## 3. 스커트 가장자리 바이어스로 감싸기

❶ a의 허리부분을 제외한 3면을 그림과 같이 바이어스로 꺾어 박는다.

❷ b, c의 직선부분은 오버로크한 후 b, c도 바이어스로 꺾어 박는다.

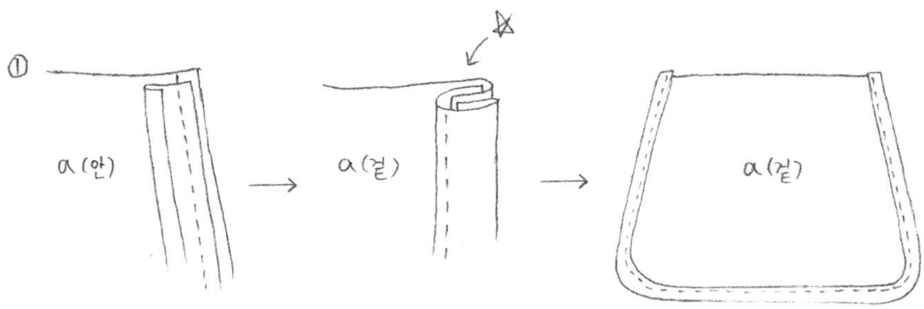

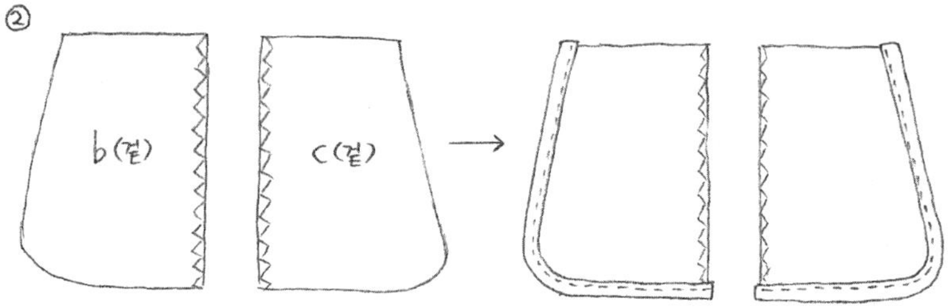


4. **a, b, c 연결하기** b와 a, a와 c를 1.5㎝ 겹치게 놓은 뒤 겹쳐진 부분을 바이어스 경계부분에 연결한다.

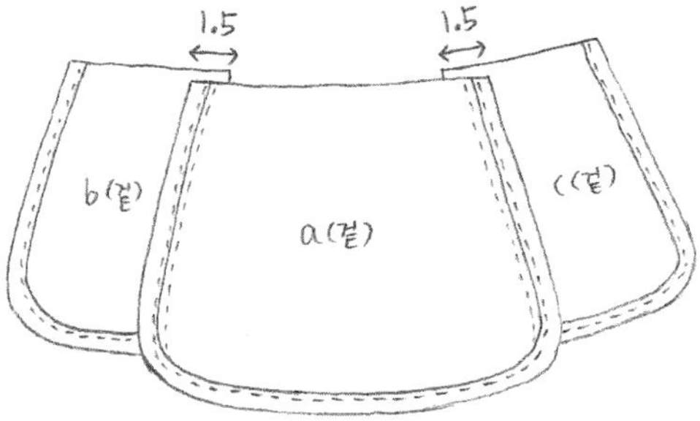


5. 스커트의 허리 쪽은 2줄 홈질하여 65㎝가 되도록 잡아당겨 주름을 고르게 잡아 놓는다.

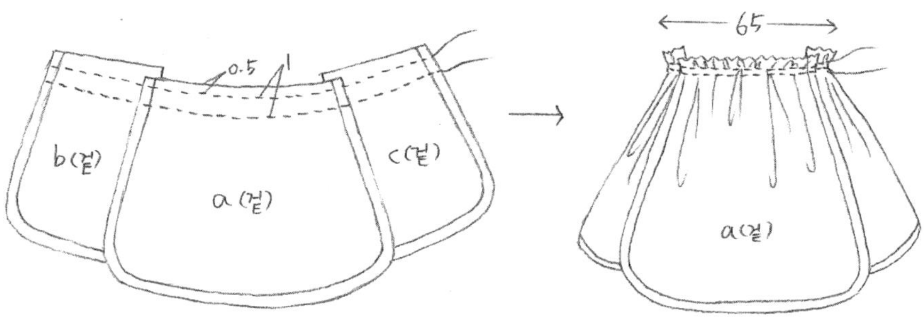


6. **허리 만들기**

❶ 재단해둔 허리 3장은 연결하여 가름솔해둔다.
❷ 아래 시접은 안쪽으로 꺾어 다림질해둔다.
❸, ❹ 양쪽 끝을 박아 뒤집어 놓는다.

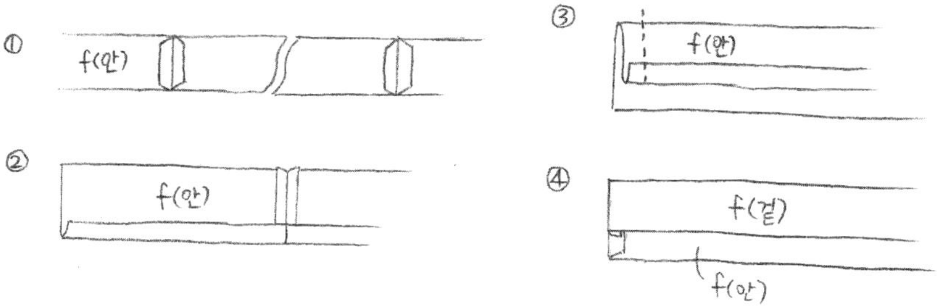


**7. 스커트와 허리 연결하기** 그림과 같이 스커트에 허리를 달아준다.

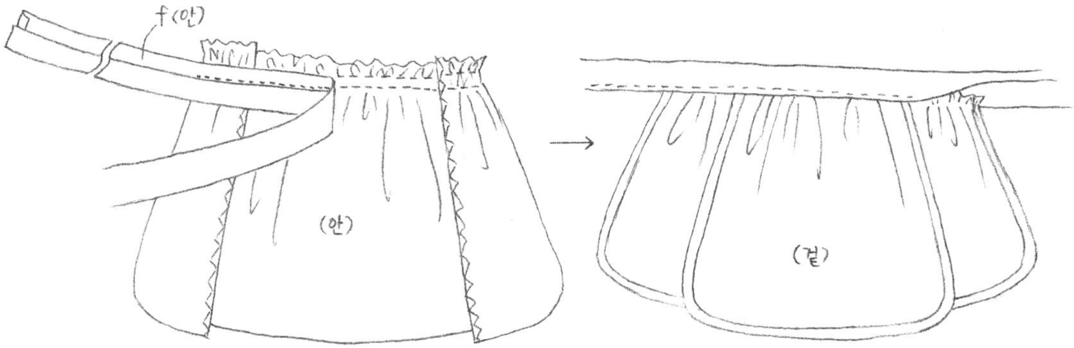


**8.** 적당한 위치에 스냅단추로 포켓을 달아 마무리한다.

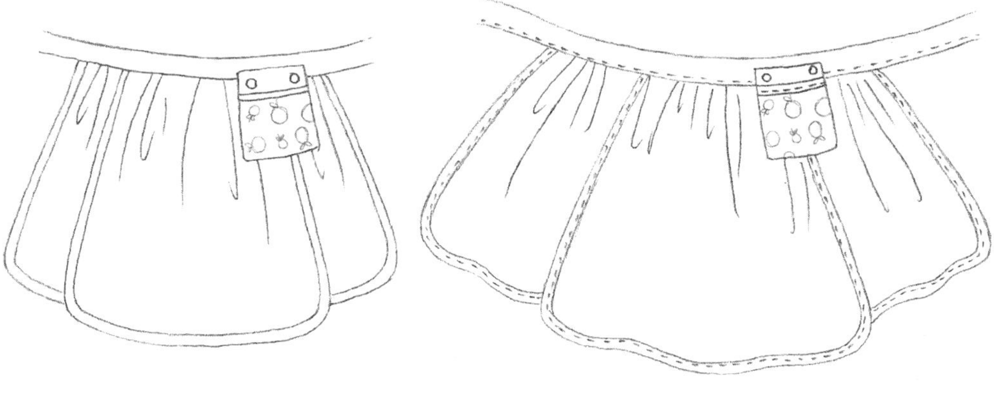

# 내추럴 패치 블랭킷

Natural Patchwork Blanket P.28

**완성사이즈** 150×110cm

**재료** 겉감용(앞) – 리넨, 면(무지, 체크, 스트라이프) 여러 조각
겉감용(뒤) – 더블거즈(화이트) 4마(152×112cm 2장)

겉감 (앞)

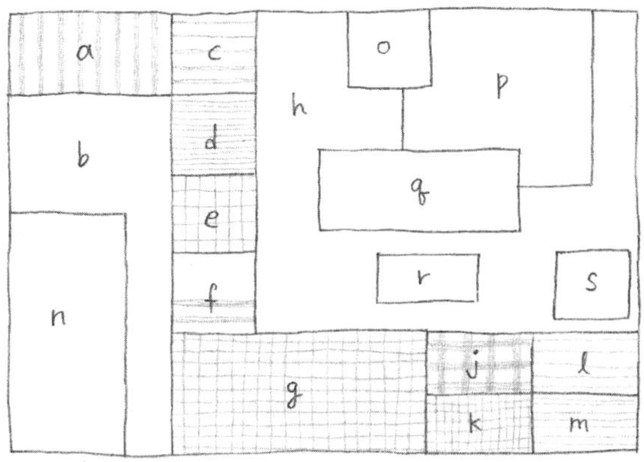


겉감 (뒤)

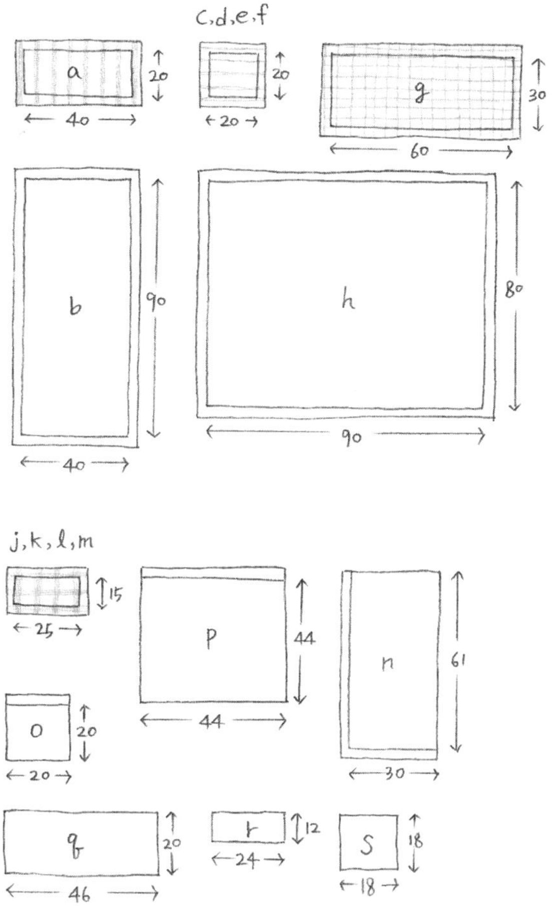


1. a + b 연결
2. c + d + e + f 연결
3. 과정2 + h 연결
4. j + l 연결
5. k + m 연결
6. 과정4 + 과정5 연결
7. g + 과정6 연결
8. 과정3 + 과정7 연결
9. 과정1 + 과정8 연결
10. 과정9 위에 n, o, p, q, r, s를 홈질과 감침질을 이용하여 덧대어준다.

11. 완성된 앞판과 뒤판(2장)의 겉과 겉을 마주대고, 창구멍 20㎝를 남긴 후 박는다.

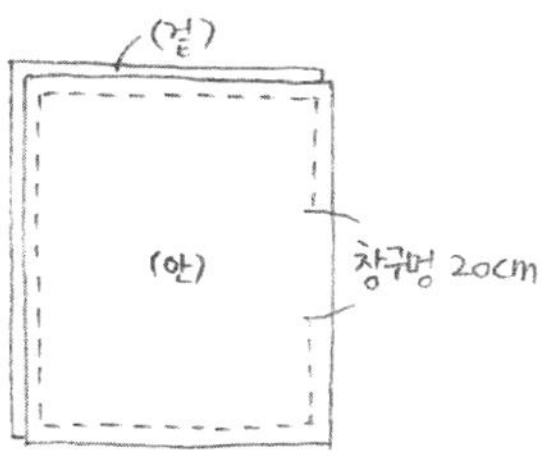


12. 창구멍으로 뒤집은 후 공그르기로 마무리한다.

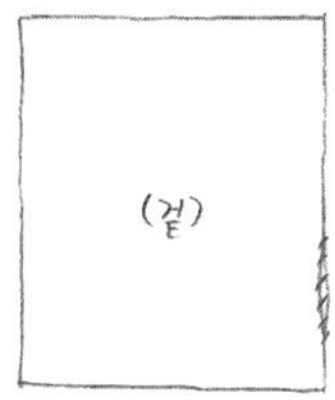

13. 연결된 조각들 위에 퀼팅해준다.

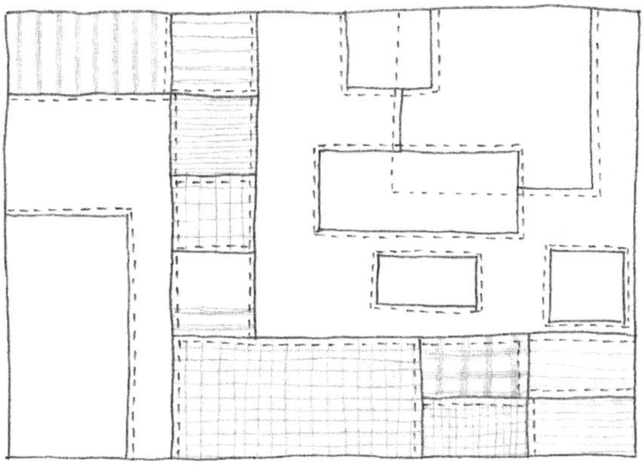

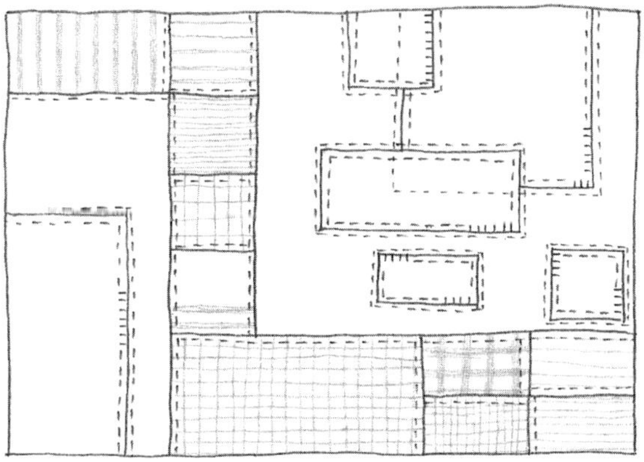

**완성사이즈** 50×50㎝
**재료** 겉감용 – 리넨(블랙) 1마, 리넨(블루) 1마, 면(프린트) 1마
안감용 – 면(화이트) 1마 반
덧댐용 – 자수보 43×43cm 1장, 꽃 모티브 여러 장
**부자재** 콘솔지퍼 46㎝ 3개, 퀼팅솜(3온스) 1마 반

# 세 가지 빈티지 쿠션

Three Vintage Cushions P.34

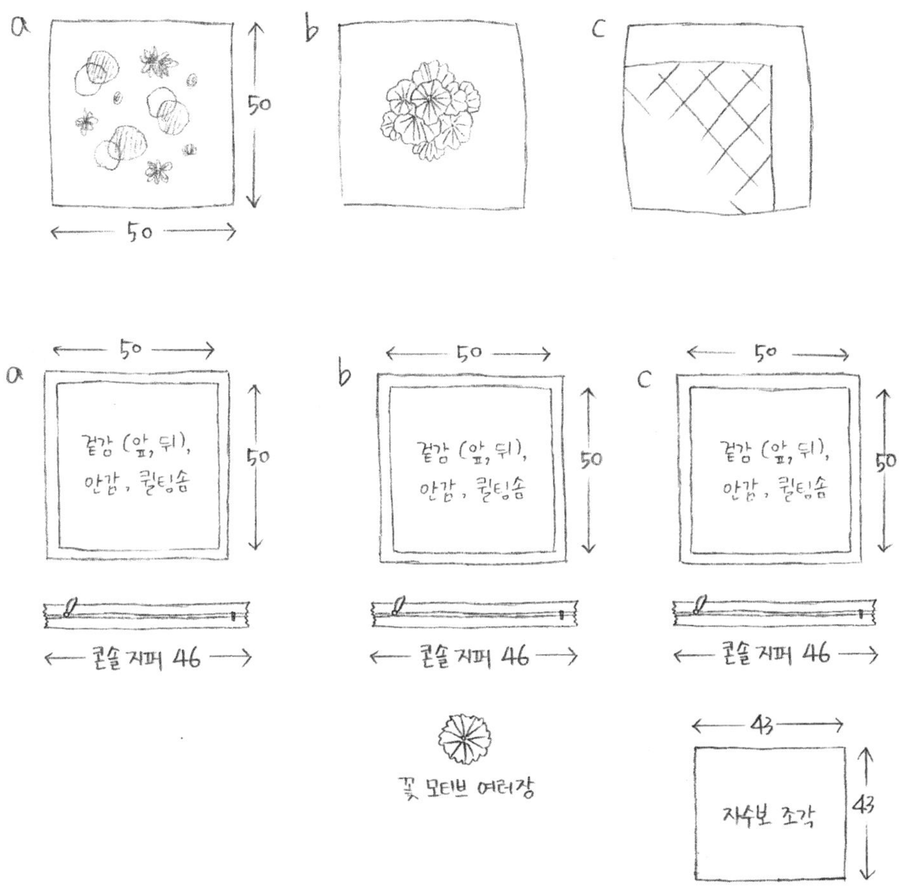

1. 겉감의 앞판, 뒤판, 안감은 각각 양 사방을 오버로크해둔다.

2. ❶ 안감 위에 퀼팅솜, 겉감의 앞판 순으로 올려둔 후 시침한다.
❷ 패턴의 테두리를 따라 퀼팅한다. 퀼팅이 끝나면 시침실은 제거한다.

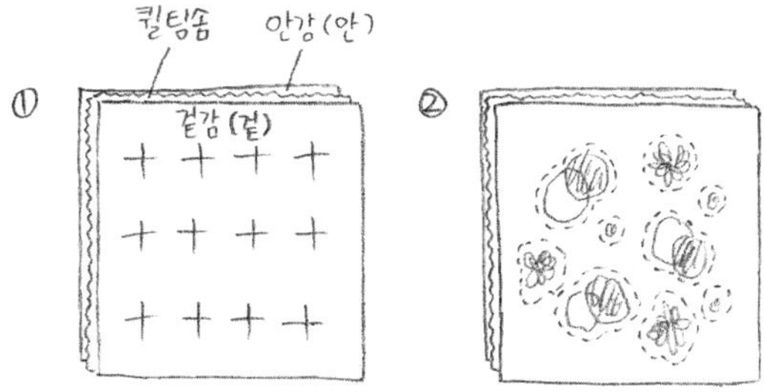


## 3. 콘솔지퍼 달기

❶ 지퍼의 톱니를 펼쳐서 다림질해둔다.(가정용 미싱의 콘솔지퍼 노루발 사용시 통과, 지퍼의 톱니가 높은 열로 눌러 붙지 않게 주의한다.)

❷ 겉감의 앞판과 뒤판은 겉과 겉을 마주대고 위에서 6cm, 아래에서 6cm 박아준다.

❸ 그림과 같이 외발 노루발(또는 콘솔지퍼 노루발)을 사용하여 지퍼를 달아준다.

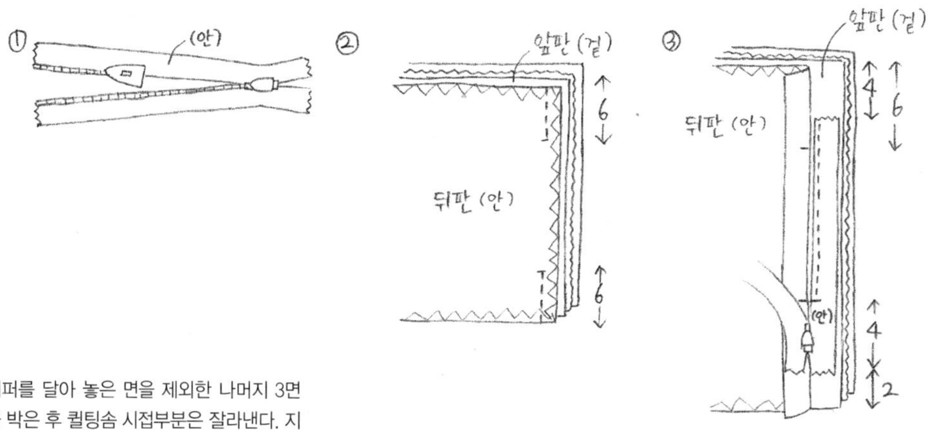


4. 지퍼를 달아 놓은 면을 제외한 나머지 3면을 박은 후 퀼팅솜 시접부분은 잘라낸다. 지퍼 쪽으로 뒤집어 완성한다.

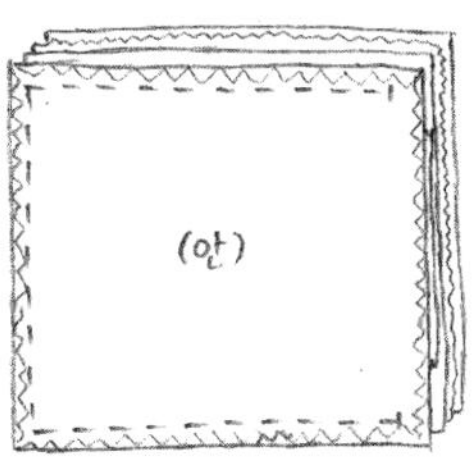


쿠션 b와 c도 만드는 방법은 동일하다.
단, b의 겉감의 앞판 위에는 꽃 모티브를 중앙에 홈질과 감침질로 덧대어주고 c의 겉감의 앞판 위에는 자수보 조각을 그림과 같이 덧대어준다.

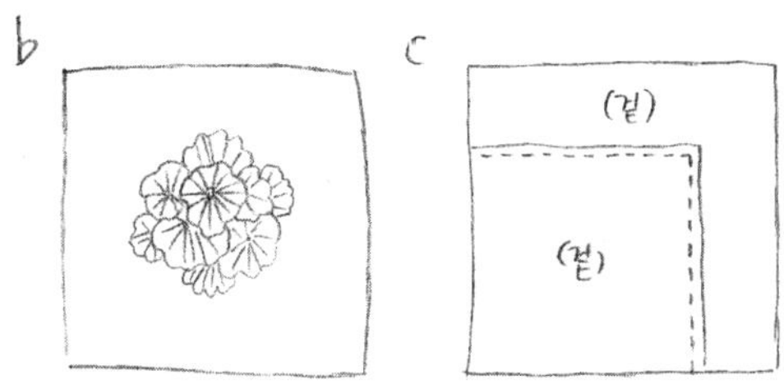

# 자수 레이어드 에이프런

Embroidery Layered Apron P.42

**완성사이즈** 90×85cm(허리둘레×스커트 길이)
**재료** 리넨(베이지 또는 화이트) 2마 반, 레이어드 자수보 70×70cm 1장, 면(화이트) 35×4cm
**부자재** 금속 스냅단추 2set

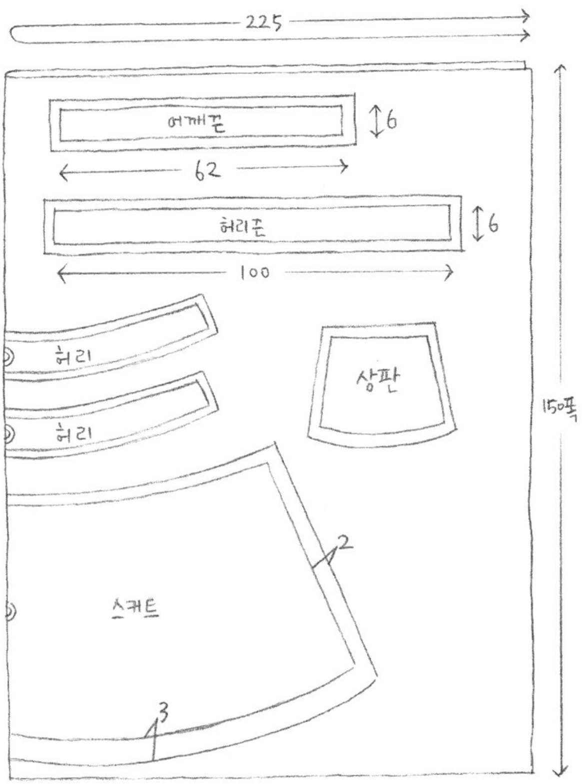


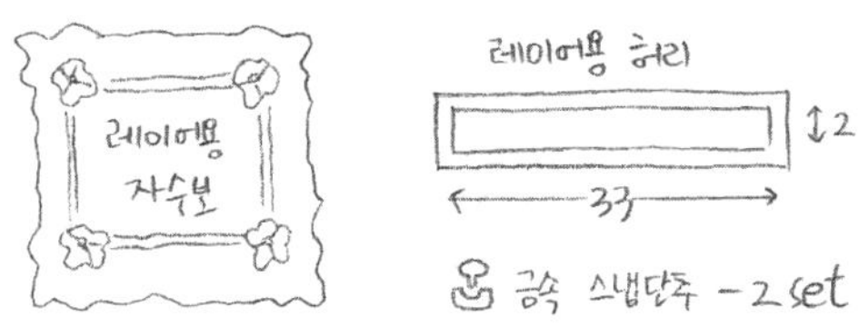

## 1. 레이어드 스커트 만들기

❶ 빈티지 자수보를 52㎝ 길이로 잘라 준비한다.

❷ 자른면은 오버로크한다.

❸, ❹ 2줄 홈질하여 33㎝ 길이로 잡아당긴 후 주름을 고르게 잡아둔다.

❺ 레이어드용 허리는 양사방 시접을 모두 안쪽으로 꺾어 다림질해둔다.

❻ 레이어드용 스커트 위에 허리를 올려둔 뒤 사방을 박는다.

❼ 뒤로 돌려 볼록 스냅단추 2개를 달아준다.

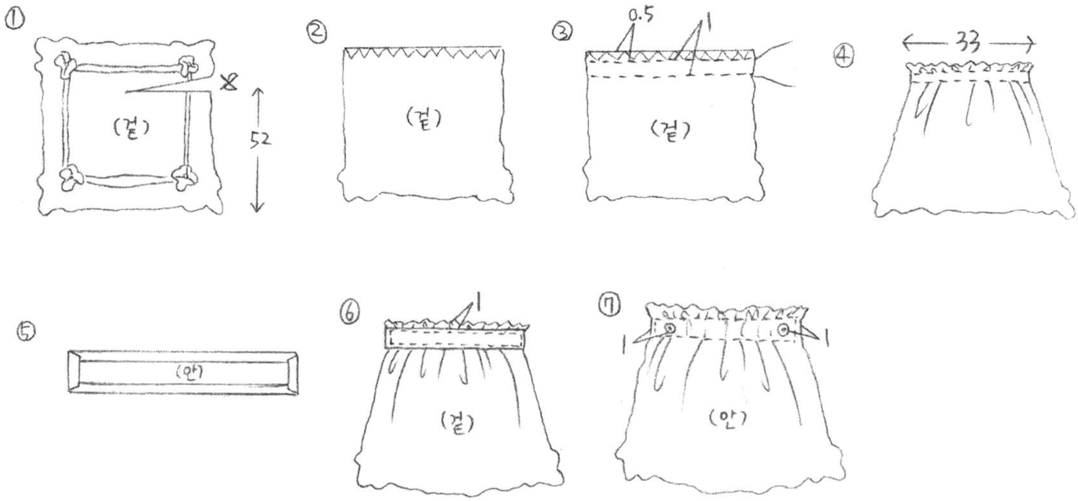


## 2. 어깨끈 만들기

❶ 어깨끈(2장 모두)은 안이 위로 보이게 길이대로 반을 접은 후 박는다.

❷ 뒤집어서 다림질해둔다.

## 3. 상판과 어깨끈 연결하기

❶ 상판 2장 사이에 양쪽 어깨끈을 끼워놓은 후 겉과 겉을 마주보고 그림과 같이 박는다.

❷ 뒤집어서 다림질해둔다.

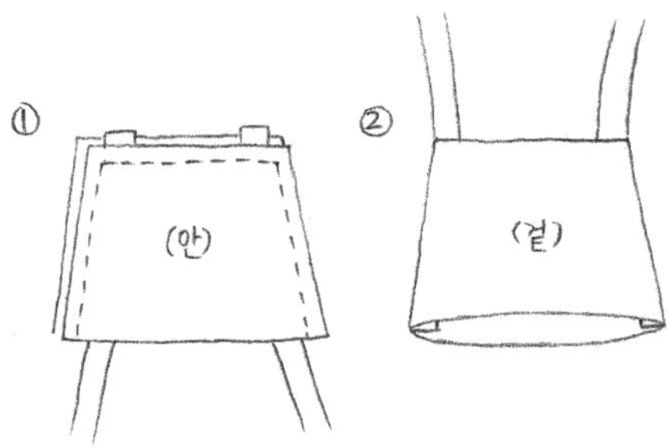

### 4. 허리끈 만들기

❶ 허리끈(2장 모두)은 안이 위로 보이게 길이대로 반을 접은 후 박는다.

❷ 뒤집어서 다림질해둔다.

### 5. 상판, 허리, 허리끈, 어깨끈 연결하기

❶ 허리 앞판의 아래 시접은 안쪽으로 꺾어 다림질해둔다.

❷ 허리의 겉과 겉이 마주보게 놓은 후 허리 사이에 상판, 어깨끈, 허리끈을 끼워 그림과 같이 박는다.

❸ 뒤집은 후 다림질해둔다.

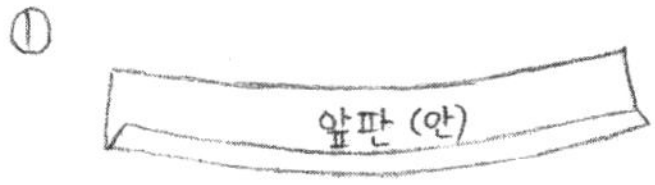


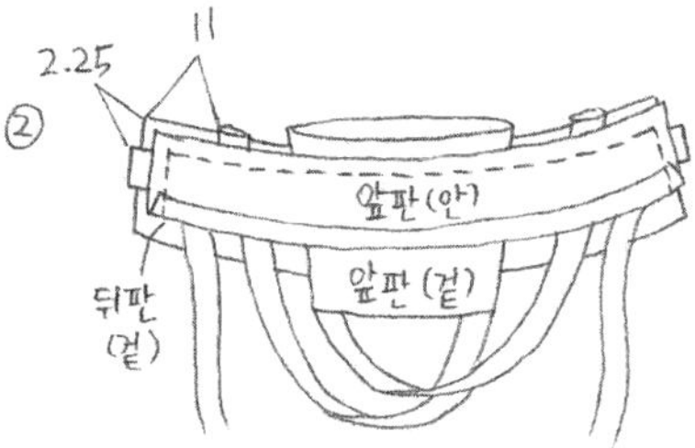


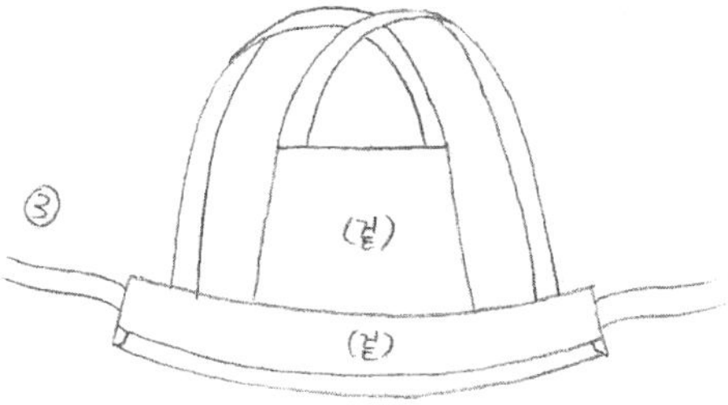


### 6. 스커트 만들기

❶ 스커트의 아랫단을 먼저 1㎝ 접고, 2㎝ 접어 다림질하고, 양옆은 1㎝ 접고, 1㎝ 접어 다림질한 후 그림과 같이 박는다.

❷, ❸ 2줄 홈질하여 92㎝ 길이로 잡아당긴 후 주름을 고르게 잡아둔다.

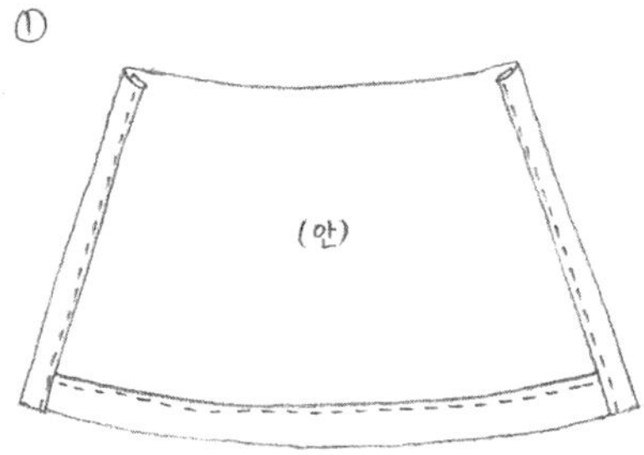


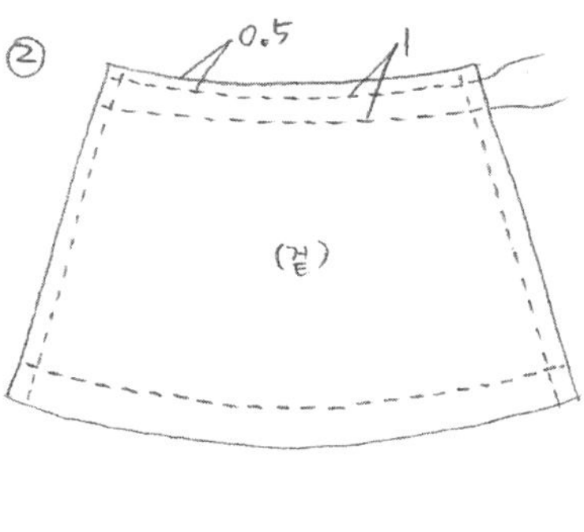


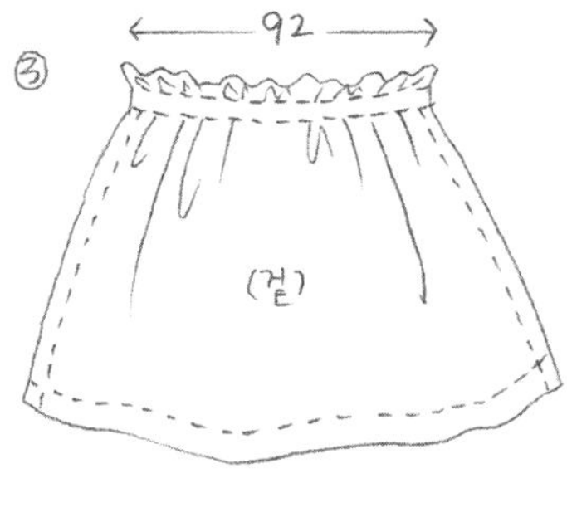

## 7. 스커트와 허리 연결하기

❶ 스커트의 안을 위로 놓고, 그 위에 허리의 앞판이 위로 보게 올린 후 허리의 뒤판 부분과 스커트를 함께 박아준다.

❷ 상판을 위로 세운 후 허리의 앞판을 그림과 같이 박아준다.

❸ 허리부분에 오목 스냅단추 2개도 31㎝ 간격을 둔 뒤 달아준다.

레이어드 스커트와 몸 판 스커트를 스냅단추로 합체하여 완성한다.

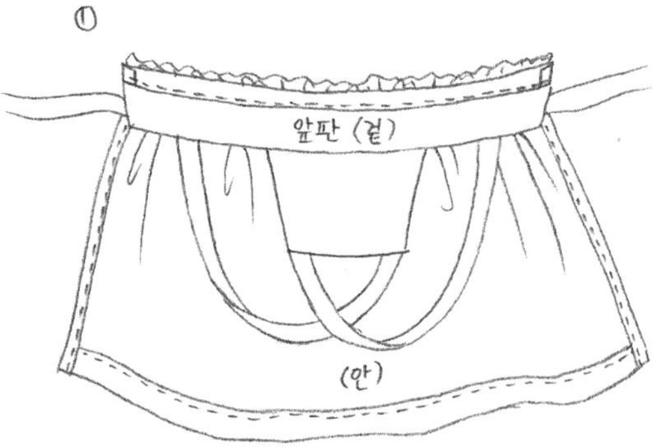


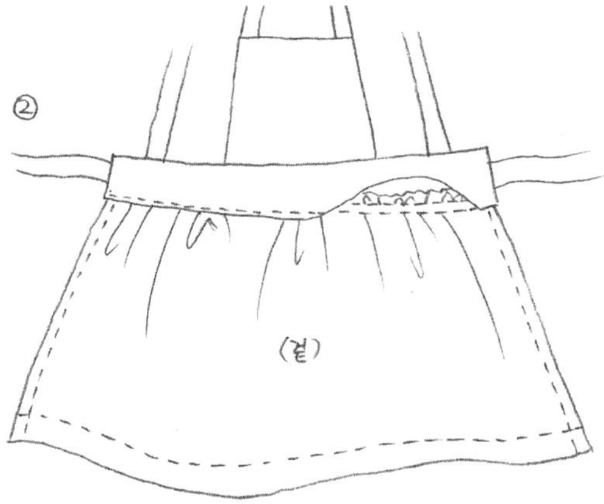


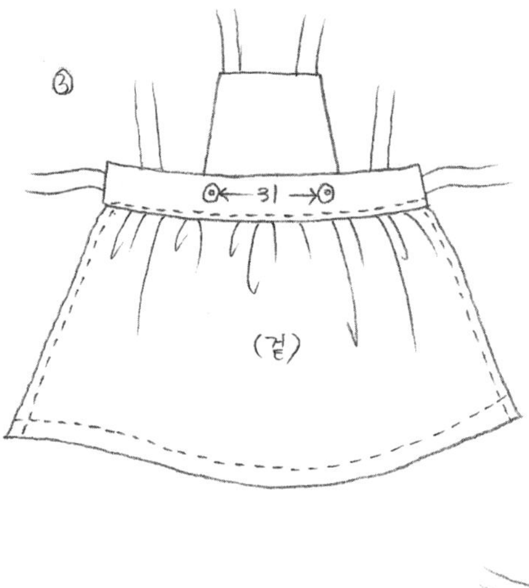


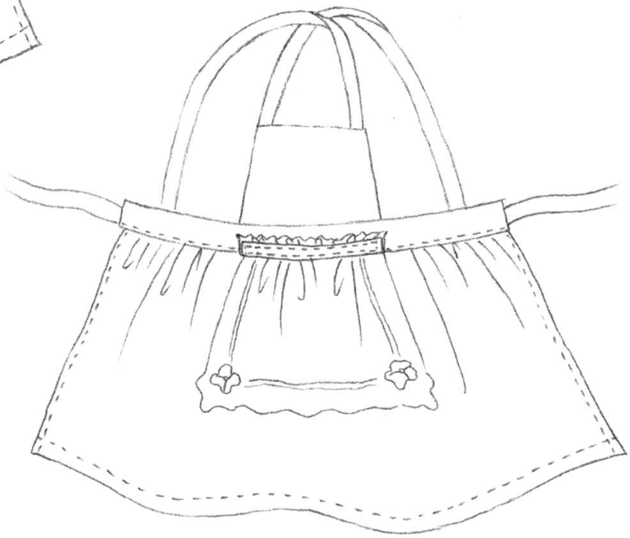

**완성사이즈** 48×40cm
**재료** 면(무지, 체크, 스트라이프 등등) ¼마
**부자재** 자수실

# 이니셜 키친클로스

Initial Kitchen Cloth P.46

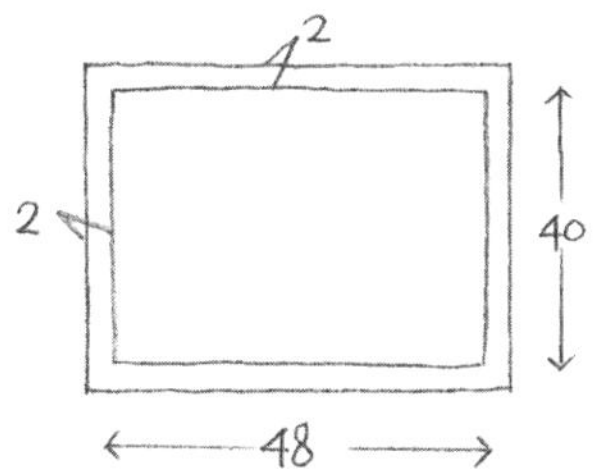


1. 양사방 가장자리를 1cm씩 두 번 접어 홈질한다.
2. 오른쪽 하단 적당한 위치에 이니셜을 수놓는다.

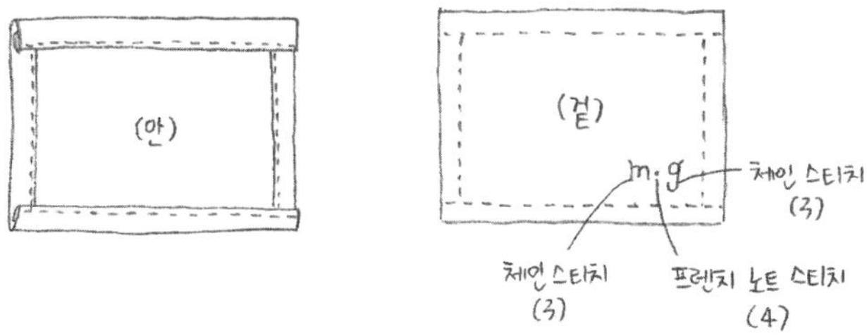


※ ( )안의 숫자는 실 가닥 수

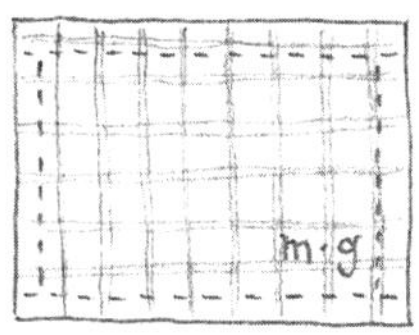

# 플라워 패치 이불

Flower Patchwork Bedding P.56

**완성사이즈** 150×200cm
**재료** 겉감용(앞) – 못 입는 원피스 여러 벌과 면(플라워) 27×27cm 48조각
겉감용(뒤) – 면(화이트) 5마 (뒤판은 길이대로 2장 연결해 152×202cm 사이즈로 준비해둔다.)
**부자재** 퀼팅 목화솜(5온스) 152×202cm 1장

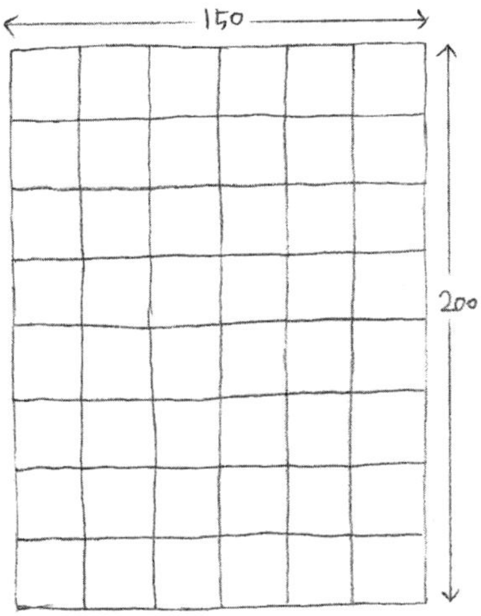


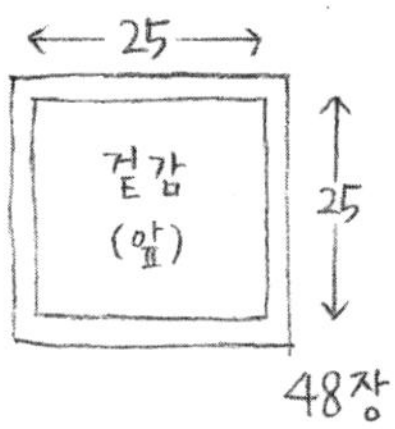


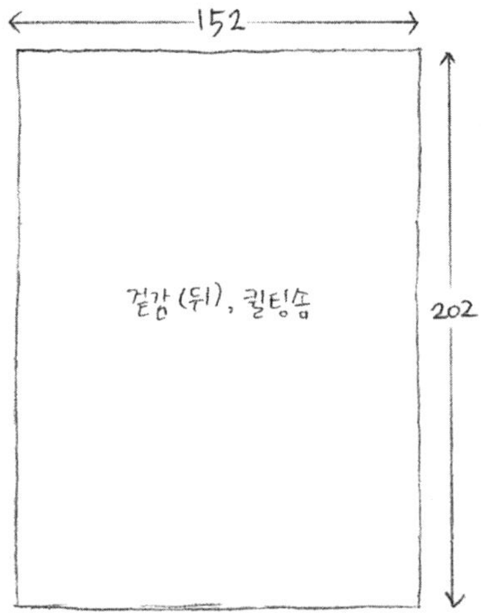


## 1. 1단~8단까지 조각조각 연결하기

❶ 그림과 같이 아래쪽 시접 1cm 남긴 후 박는다. 똑같은 방식으로 6조각 모두 연결한다.(1단)
❷ 그림과 같이 위아래 시접 1cm씩 남긴 후 박는다.(2단~7단)
❸ 그림과 같이 위쪽 시접 1cm 남긴 후 박는다.(8단)

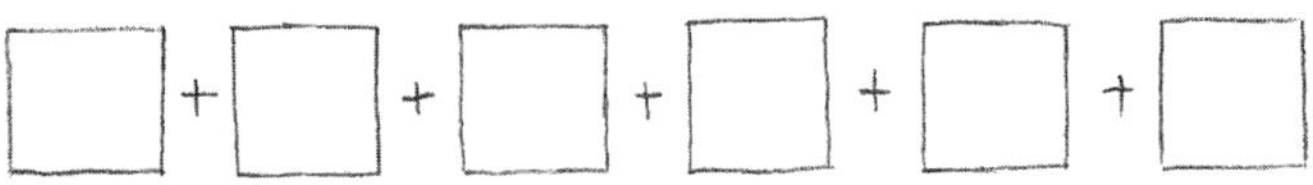

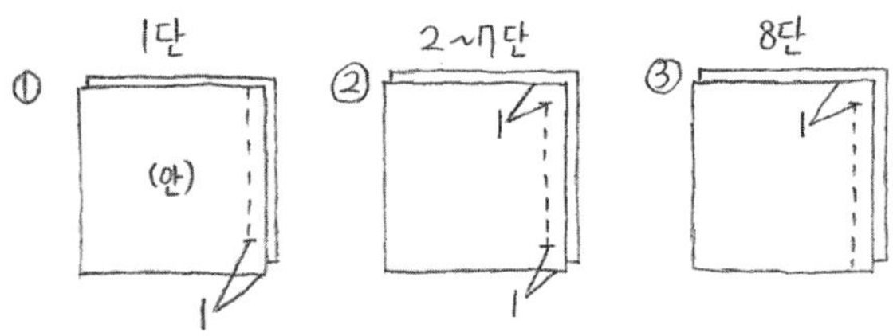

2. 그림과 같이 시접을 넘긴 후 1단에서 8단까지 모두 박는다.

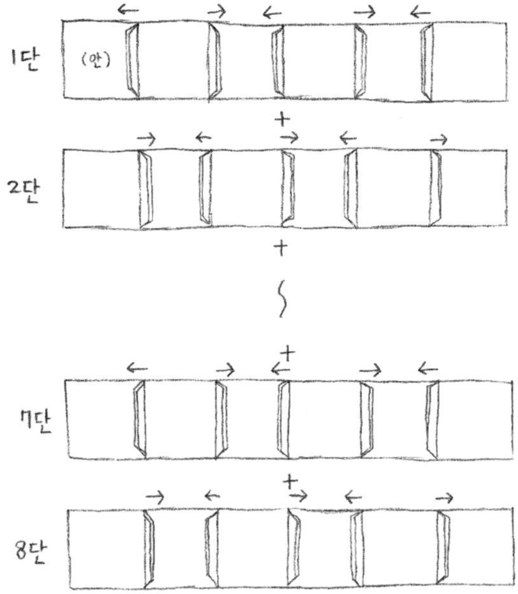


3. 그림과 같이 시접을 정리해준다.(네모 서리가 만나는 지점은 그림과 같이 정사각형 4개가 생기도록 한다.)

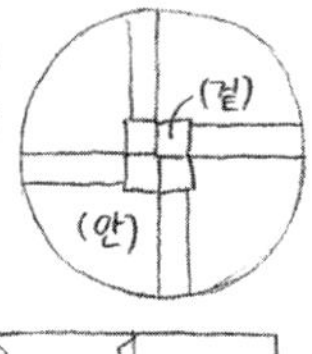


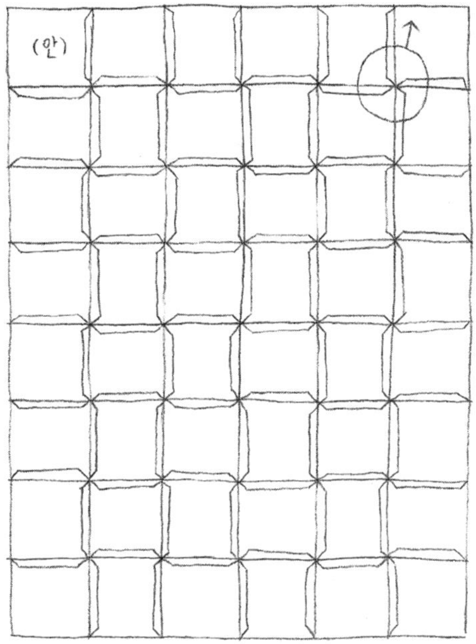


4. 퀼팅솜, 앞판, 뒤판 순으로 올려놓은 뒤 창구멍을 남기고 박는다. 퀼팅솜 시접부분은 잘라낸다.

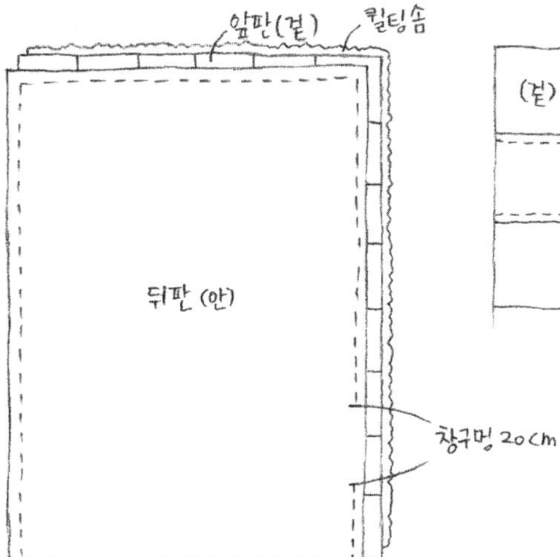


5. 창구멍으로 뒤집은 후 공그르기로 막는다. 연결선에서 0.3cm 떨어진 지점에서 퀼팅한다.

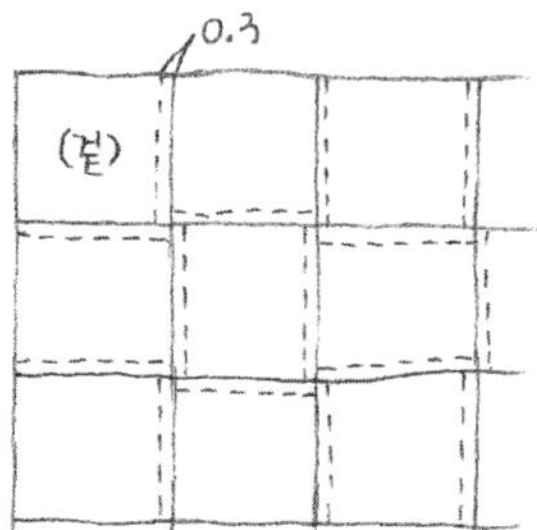


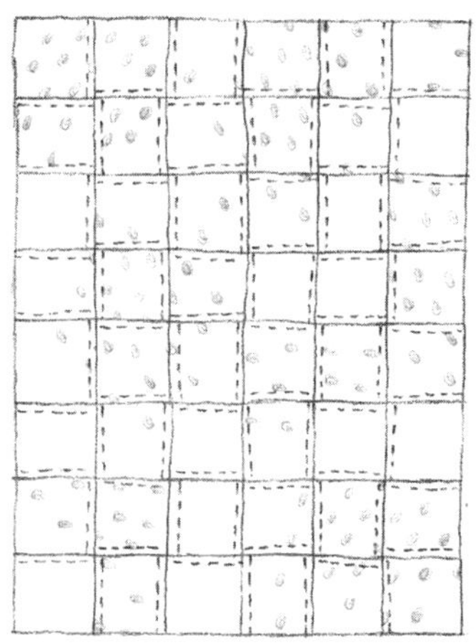

## 07 HOW TO MAKE

# 다이아몬드 패치 이불

Diamond Patchwork Bedding P.60

**완성사이즈** 160×210㎝

**재료** 겉감용(앞) – 리넨(옐로우) 2마 반, 면(플라워) 2마 반
겉감용(뒤) – 면(화이트) 5마 (뒤판은 길이대로 2장 연결해 162×212㎝ 사이즈로 준비해둔다.)

**부자재** 퀼팅 목화솜(5온스) 162×212㎝ 1장

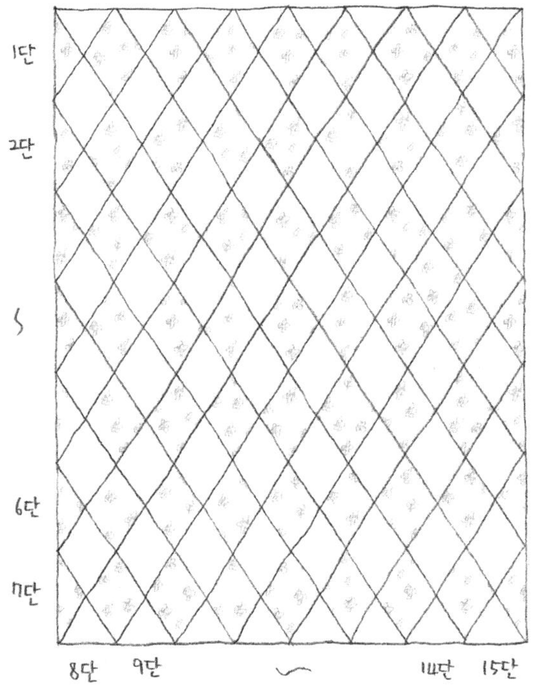


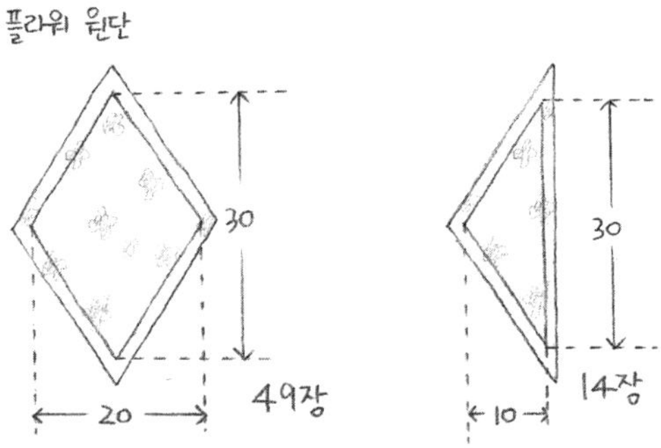


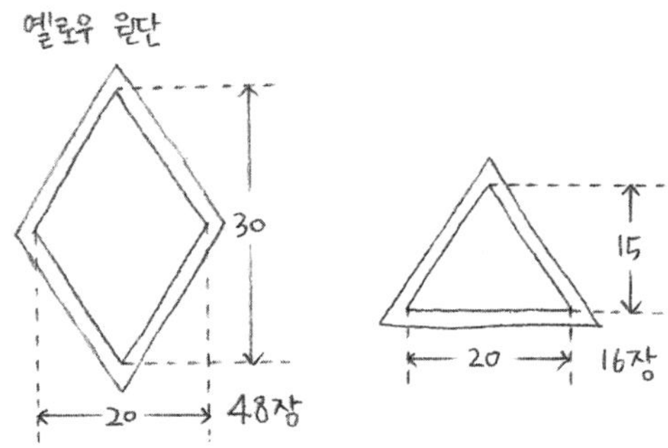


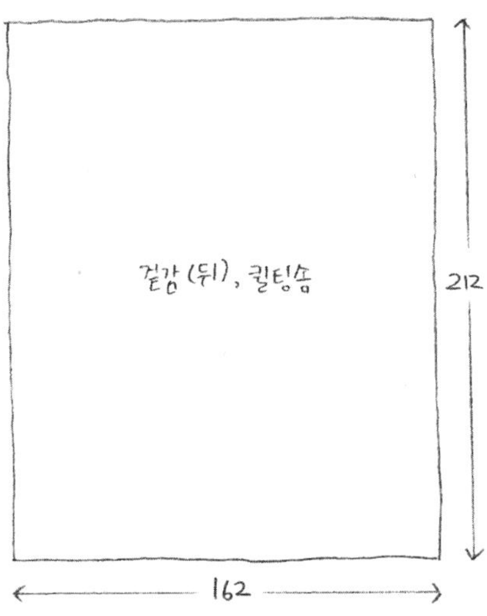

**1. 1단 연결하기** 1단의 두 조각은 그림과 같이 겉과 겉을 마주보고 박아 펼친 후 다림질해둔다.

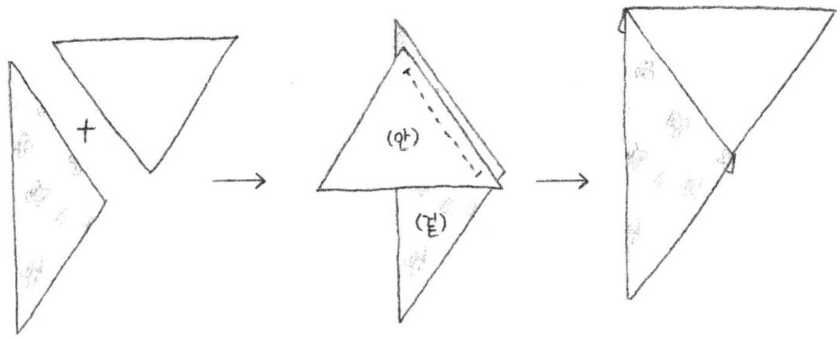


**2. 2단 연결하기** 2단의 4조각도 과정1과 같이 박아 다림질해둔다.

**3. 3단~15단 연결하기** 과정 1, 2의 방식대로 모두 박은 후 다림질한다.(이때 1단~15단까지 모두 시접을 제외한 완성선만 박는다. 모든 시접은 플라워 패턴 쪽으로 꺾어 다림질해둔다.)

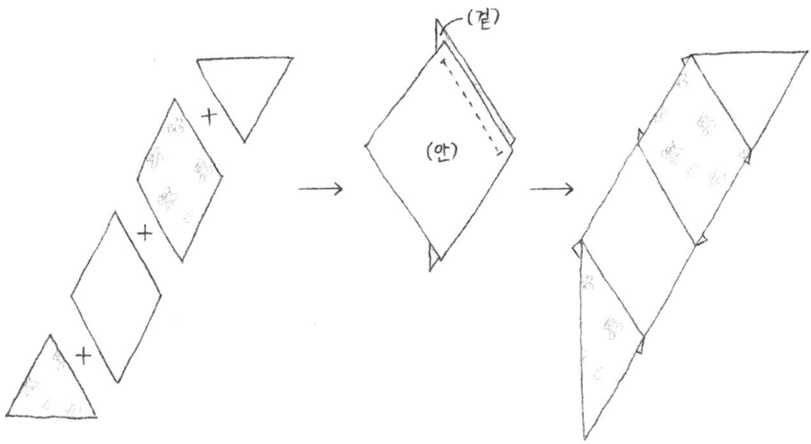


**4. 단과 단 연결하기** 1단에서 15단까지 모두 연결한다.

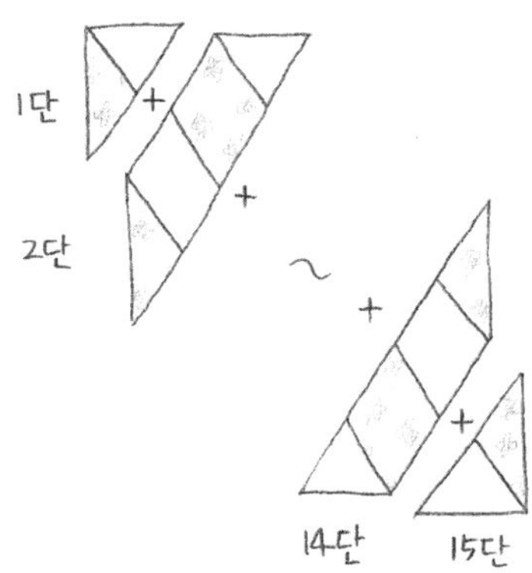


**5. 시접 꺾기** 그림과 같이 시접을 꺾어 다림질해둔다.

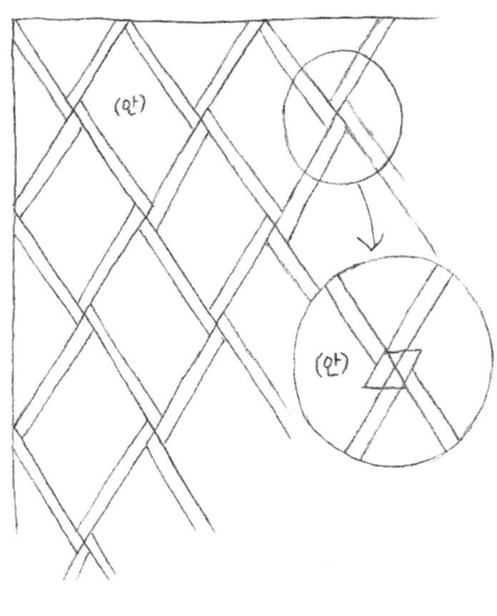

**6. 퀼팅솜, 앞판, 뒤판 연결하기** 그림과 같이 퀼팅솜, 앞판, 뒤판 순서대로 올려둔 뒤 창구멍 20cm를 남기고 박는다. 박은 후 퀼팅솜 시접 분은 잘라낸다.

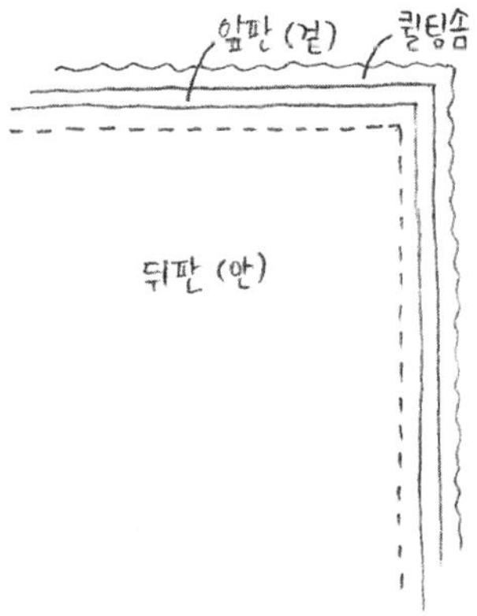


**7. 퀼팅하기** 창구멍으로 뒤집고 공그르기로 창구멍을 막아 준 후 그림과 같이 연결선 가운데를 가로질러 퀼팅한다.

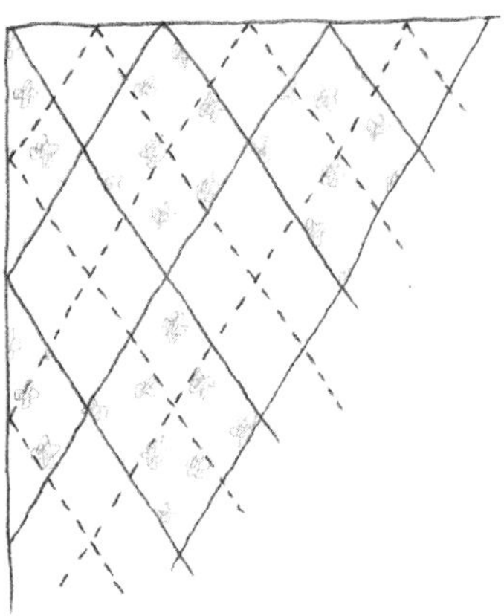

# 플라워 패턴 베개

Flower Pattern Pillow P.62

**완성사이즈** a 55×40cm, b 65×40cm

**재료** 겉감용(a, b포함) – 리넨(화이트) 1마, 면(플라워) ¼마, 빈티지 플라워 자수보 85×85cm 1장
솜통용(a, b포함) – 면(화이트) 1마 반

**부자재** 방울솜 1kg

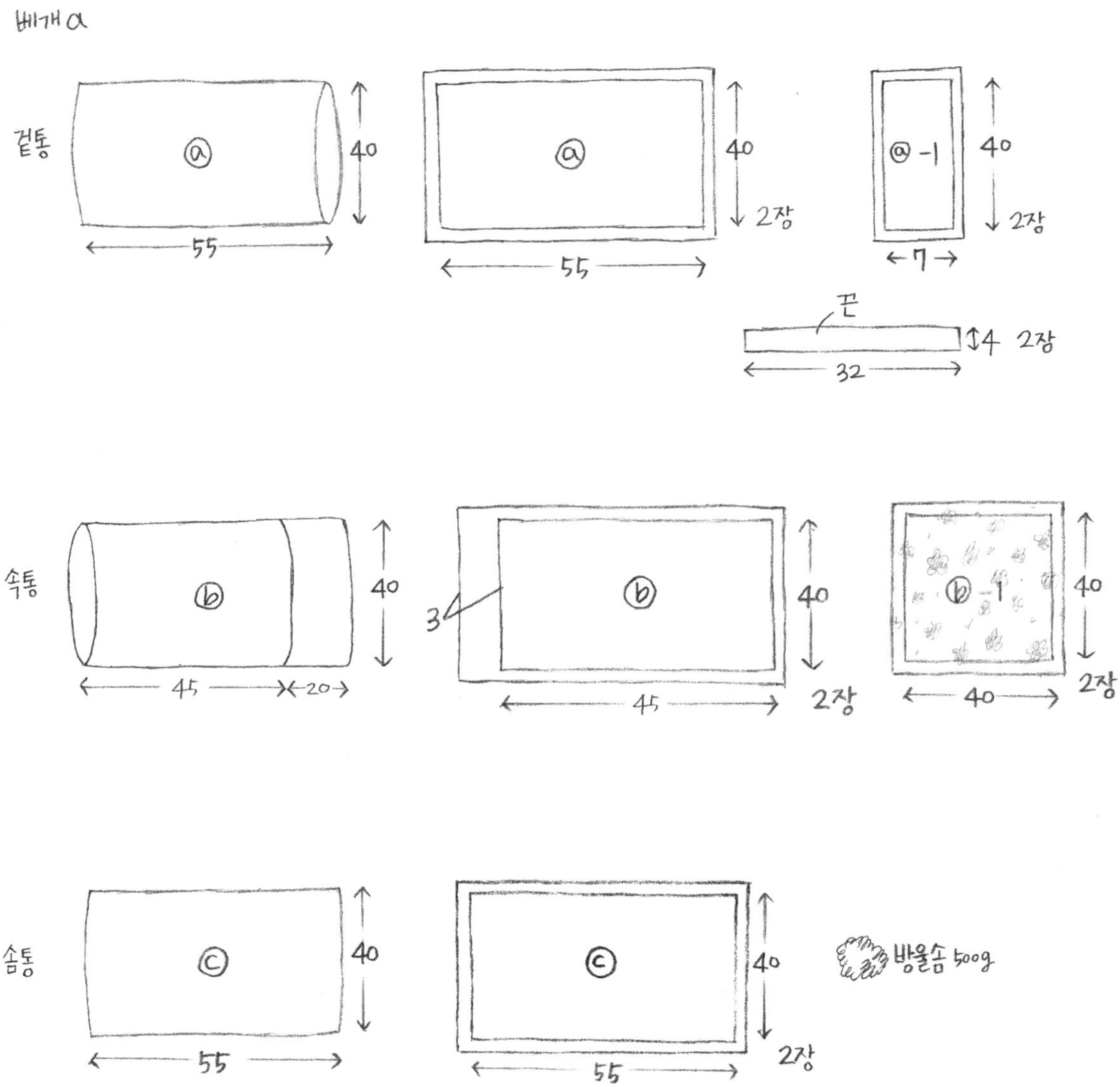

## <겉통 만들기>

1. 그림과 같이 끈 2개를 만들어 놓는다.

2. ❶ 겉과 겉을 마주대고 그림과 같이 박은 후 오버로크한다.
   ❷ 시접을 반듯하게 접어 뒤집어 놓는다.
   ❸ ⓐ-1도 겉과 겉을 마주대고 위아래 박은 후 오버로크한다.
   ❹ 그림과 같이 ⓐ와 ⓐ-1사이에 끈을 끼운 후 둘레를 박는다.
   ❺ ⓐ-1을 안쪽으로 완전히 꺾은 후 1㎝ 안으로 접어 박는다.

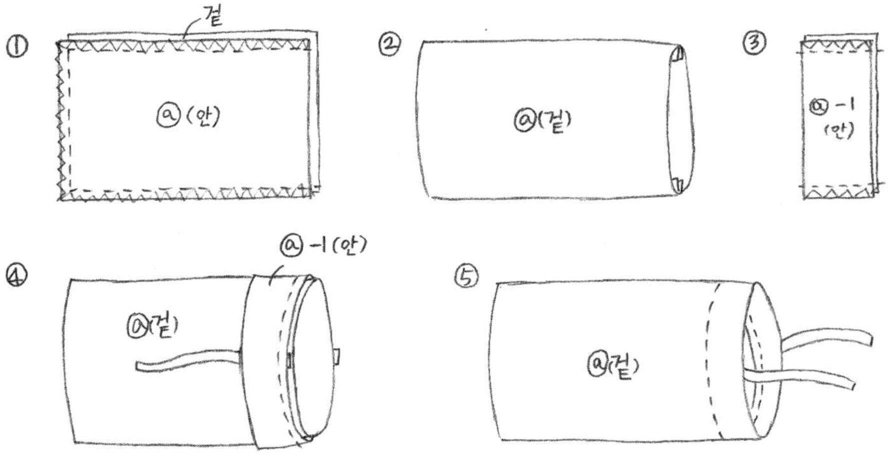


## <속통 만들기>

1. ❶ ⓑ의 겉과 ⓑ-1의 겉을 마주대고 그림과 같이 박은 후 오버로크한다.
   ❷ 과정①과 같이 나머지 ⓑ도 박고 오버로크한다.

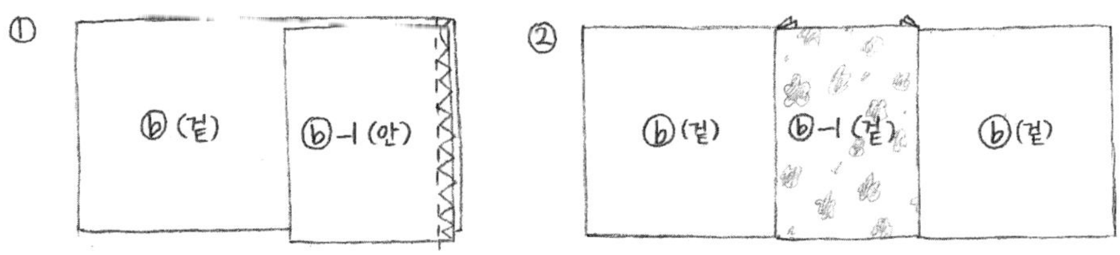

2. ❶ 반을 접어 위아래 박고 오버로크한다.
❷ 뒤집어 놓는다.
❸ 베개 입구 쪽은 안으로 1㎝ 접고, 2㎝ 접어 박는다.

①

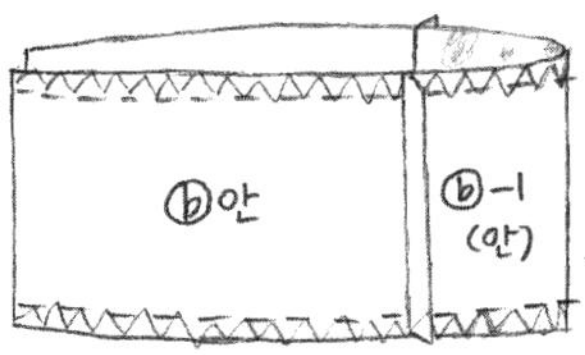


②

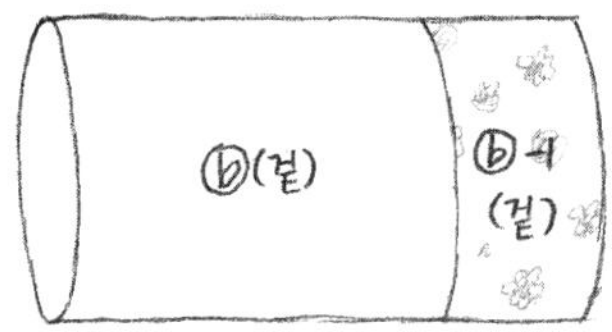


③

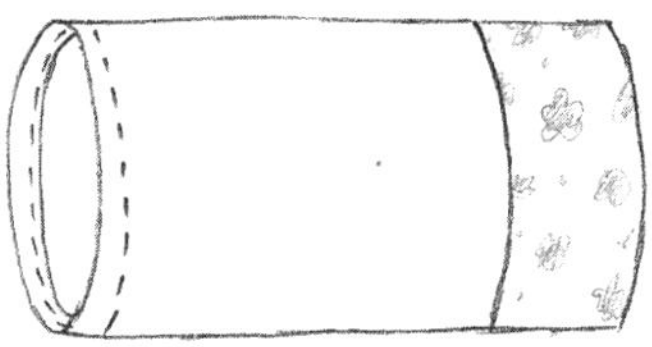

<솜통 만들기>

1. 겉과 겉을 마주대고 창구멍 15㎝를 남긴 후 박는다.

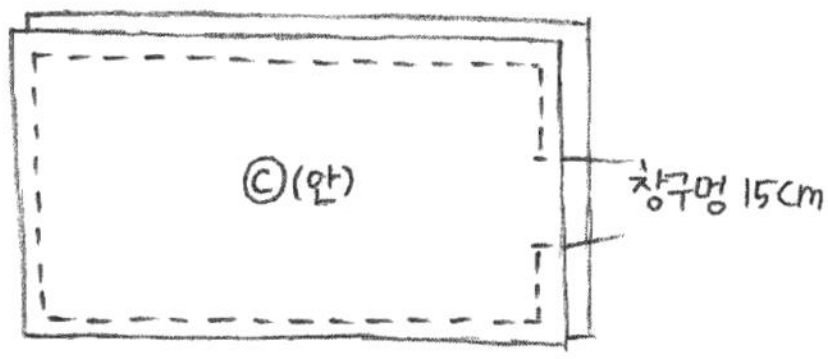


2. 뒤집은 후 창구멍으로 방울솜을 넣는다.

3. 창구멍은 공그르기로 막아준다.

ⓐ+ⓑ+ⓒ **합체하여 완성**(속통 안에 솜통을 넣고 겉통 안에 속통을 넣어 완성한다.)

a

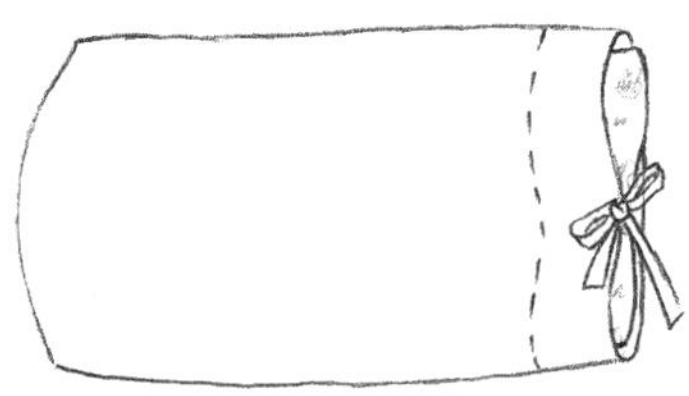

## 베개 b

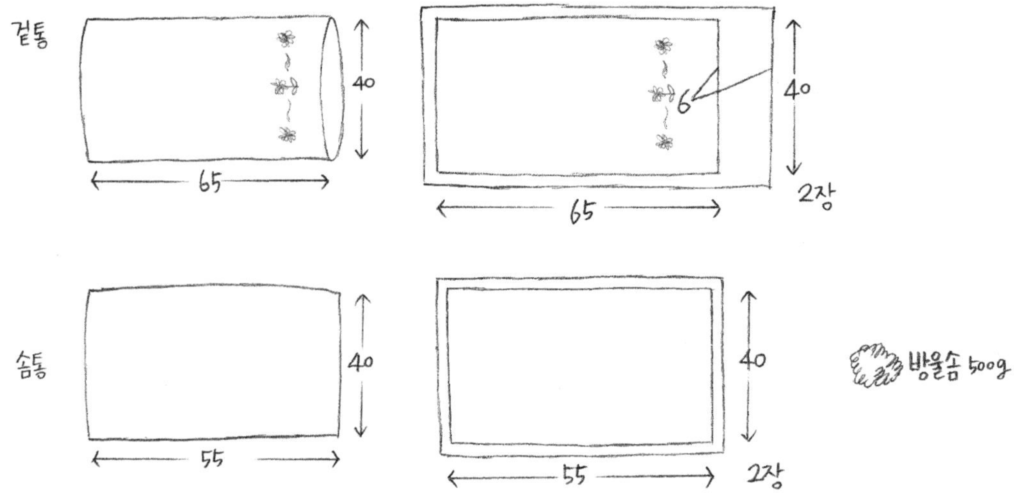


1. 겉과 겉을 마주대고 그림과 같이 박은 후 오버로크한다.

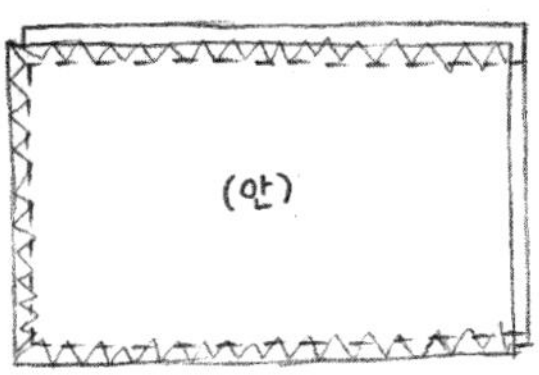


2. 뒤집은 후 입구 쪽은 안으로 1cm 접고, 5cm 접어 박는다.

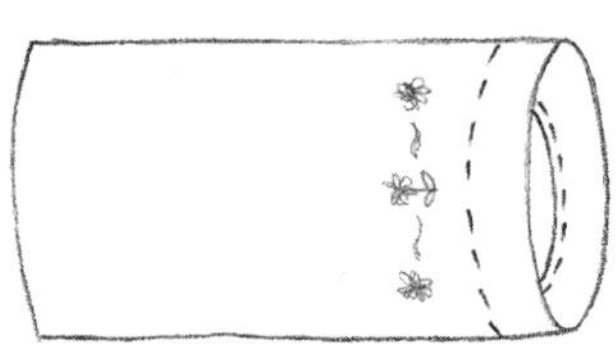

3. 솜통은 베개 a의 솜통과 동일한 방법으로 만든다.

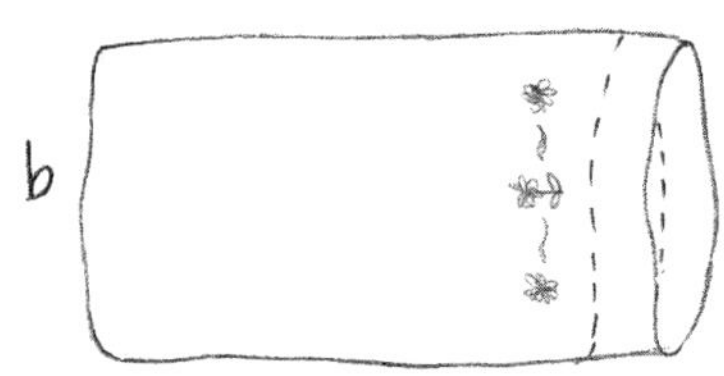

# 일석삼조 냄비받침

Fabric Pot Holders P.68

**완성사이즈** 15×20㎝

**재료** 겉감용 – 못 입는 의류 17×22㎝ 6장
포켓용 – 리넨(화이트) ¼마
덧댐용 – 꽃 모티브 1장, 크고 작은 조각원단 여러 장

**부자재** 퀼팅솜(7온스) ¼마, 면라벨 3장, 면스트링 24㎝, 나무단추 3개

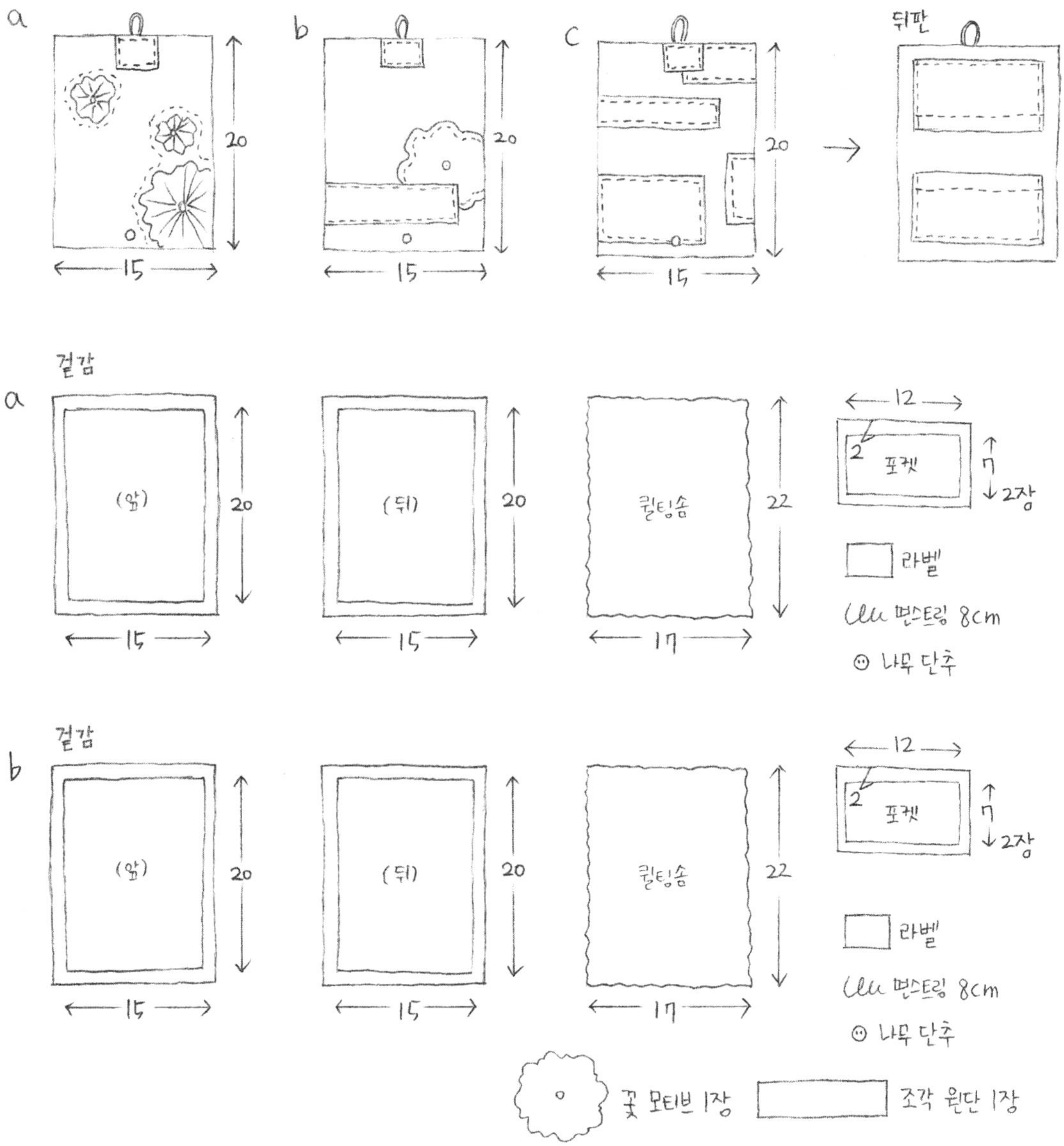

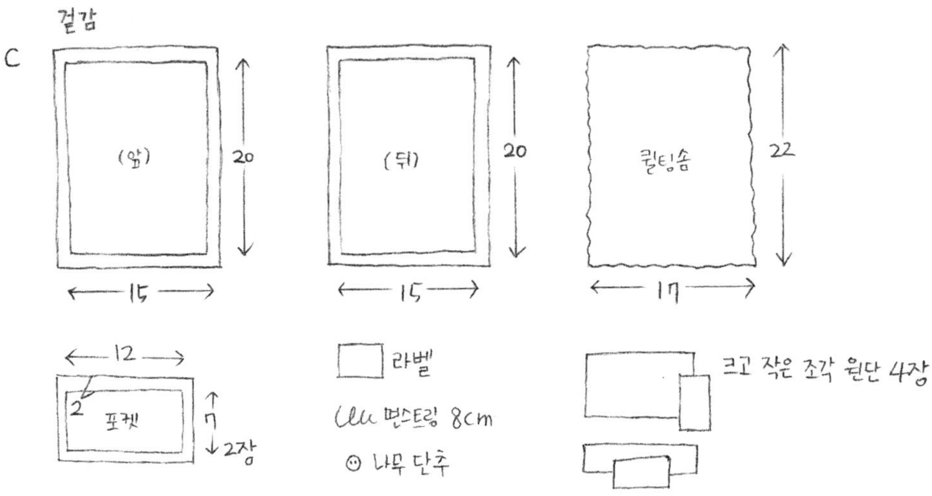


1. 앞판을 준비한다. a는 원단만 이용하고 b, c는 그림과 같이 조각원단을 홈질과 감침질로 붙인다.

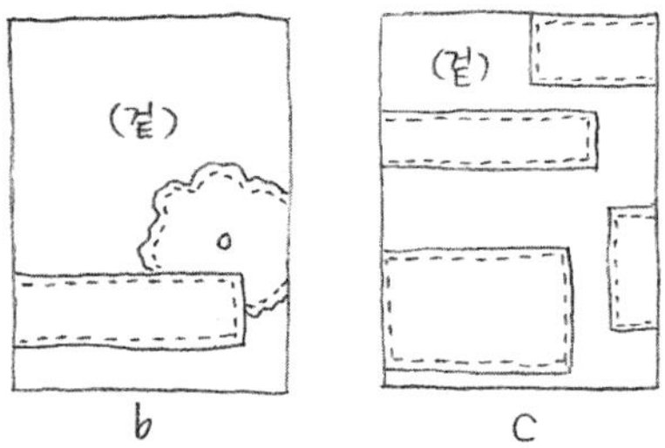


2. 퀼팅솜, 앞판, 뒤판의 순서대로 놓은 후 창구멍 8cm 남긴 후 박아준다.(이때 퀼팅솜 시접분은 잘라준다.)

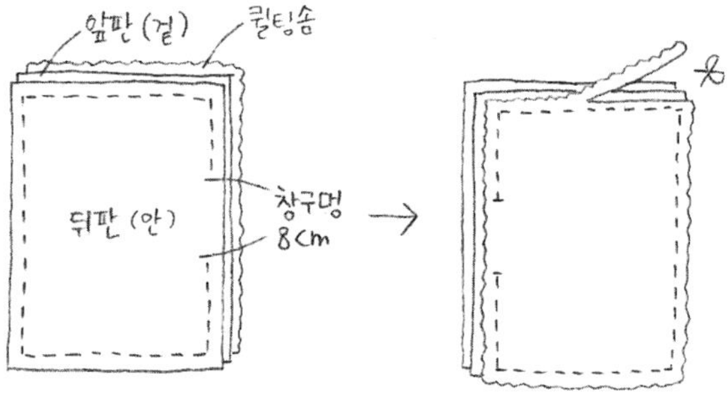


3. 창구멍으로 뒤집어 막은 후 패턴을 따라 퀼팅해준다.

4. 포켓용 원단은 윗부분 1cm 두 번 접어 홈질해둔다.(6장 모두)

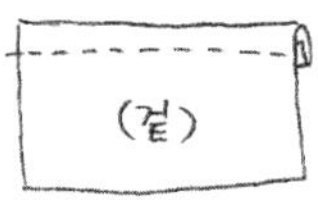


5. 뒤판의 겉이 위로 보게 둔 후 그림과 같이 포켓을 달아준다.(이때 바늘땀이 겉에서는 보이지 않게 한다.)

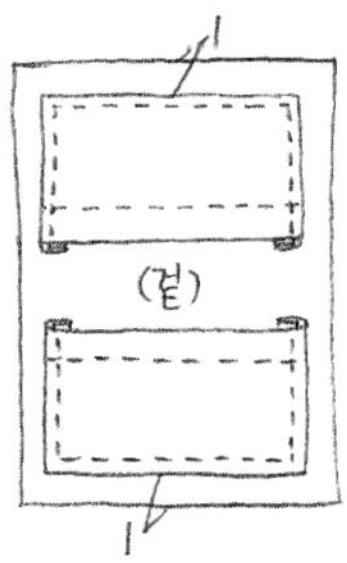


6. 준비해둔 끈은 반을 접어 상단 중심에 고정시킨다.

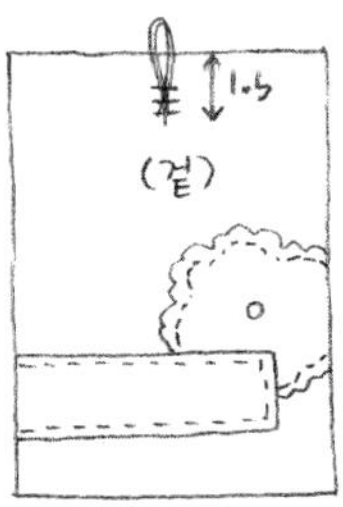


7. 고정된 끈 위로 라벨을 부착하고, 하단에는 단추로 마무리한다.

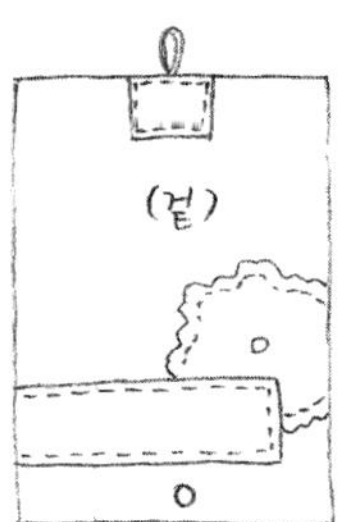

# 다용도 패브릭 월포켓

Fabrics Wall Pockets P.74

**완성사이즈** 115×115cm

**재료** 옥스퍼드(크림색) 2마

**부자재** 가시도트 22set, 아일렛(3호) 14set, 나무봉(지름 4cm) 222cm

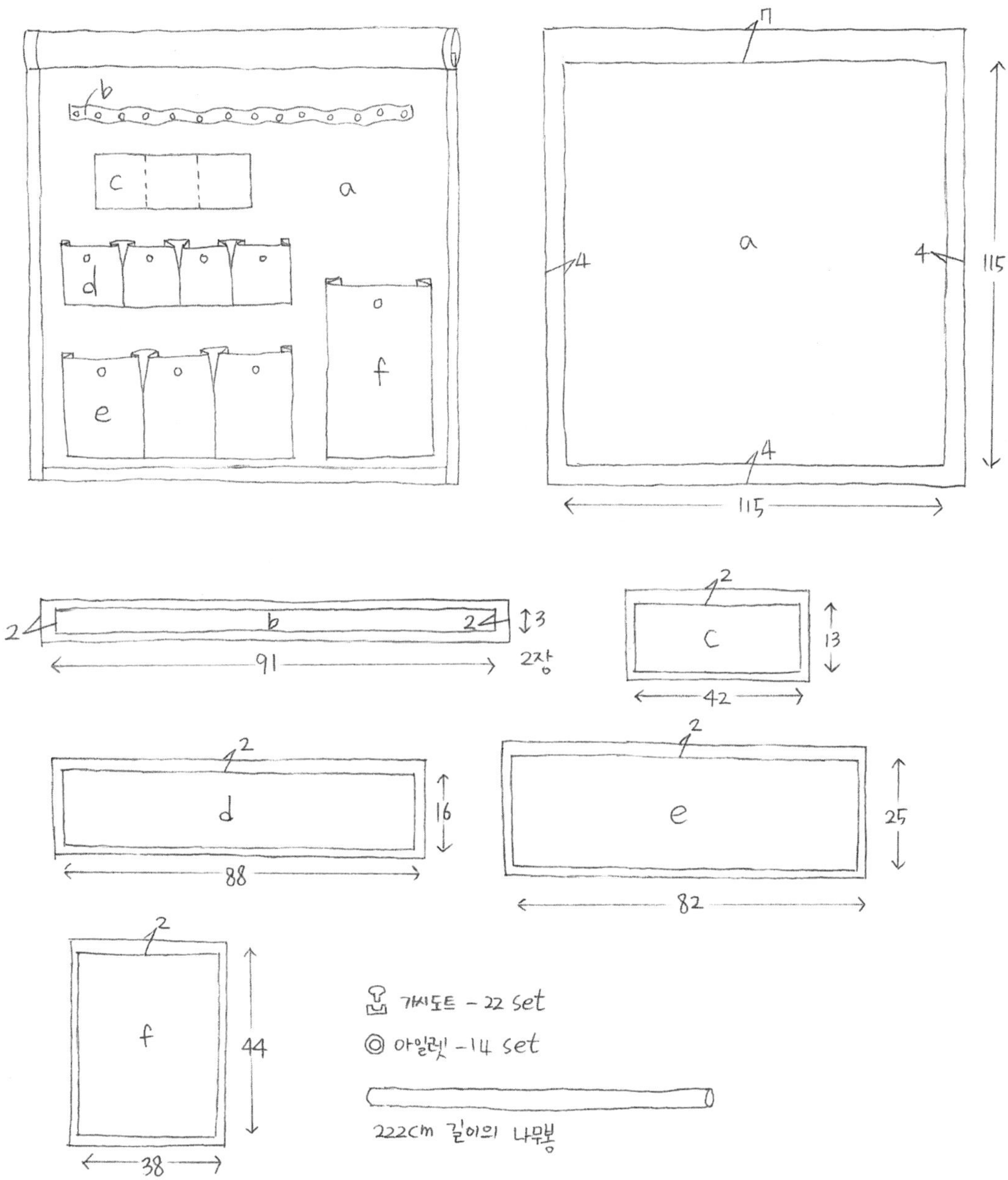

### 1. a 만들기

❶, ❷ 그림과 같이 3면은 겉에서 2cm씩 두 번 접어 박아둔다.

❸ 윗부분은 1cm 접고, 6cm 접어 겉에서 박아둔다.

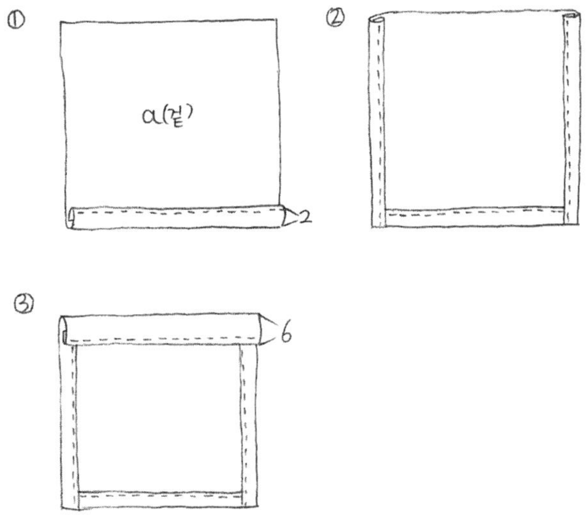


### 2. b 만들기

❶, ❷ b는 1cm씩 안으로 접어 다린 후 2장을 안과 안이 마주보게 포갠 후 위아래를 박아둔다.

❸ 양끝시접 2cm씩 남긴 부분에서 7cm씩 13등분을 표시해둔다.

### 3. c 만들기

❶ c는 입구 쪽을 안으로 1cm씩 두 번 접어 박는다.

❷ 그림과 같이 양끝 1cm를 남기고 14cm씩 3등분해둔다.

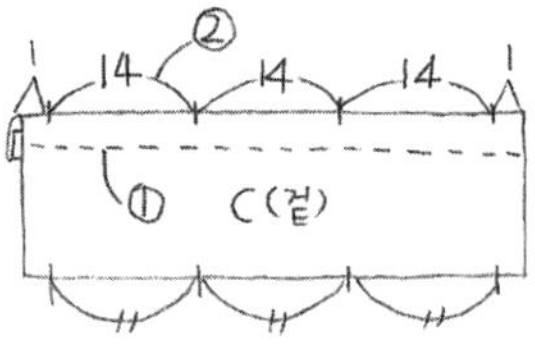

## 4. d 만들기

❶ d도 입구 쪽을 안으로 1㎝씩 두 번 접어 박는다.
❷ 그림과 같이 양끝 1㎝씩 남긴 후 22㎝씩 4등분해둔다.
❸ 그림과 같이 주름분량 3㎝씩 표시해둔다.
❹ 3㎝ 주름분량은 반으로 접어 그림과 같이 꺾은 후 시침질로 고정해둔다.

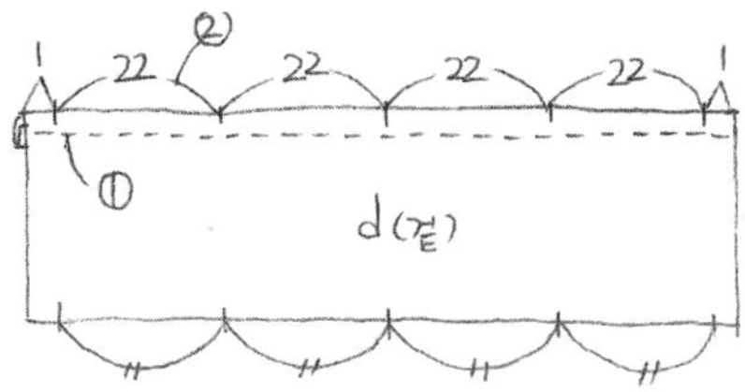


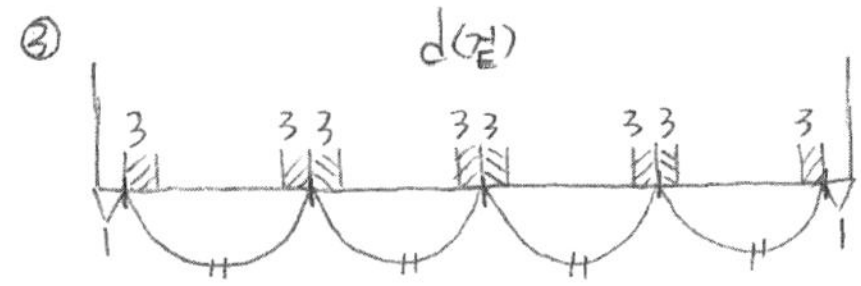


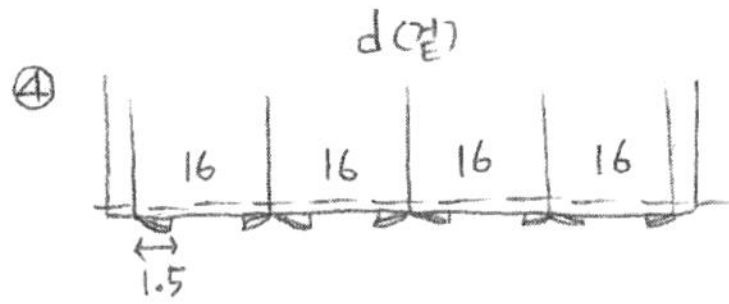


## 5. e 만들기 d 만들기와 같은 방법으로 만들어 놓는다.(단, 그림처럼 3등분한다.)

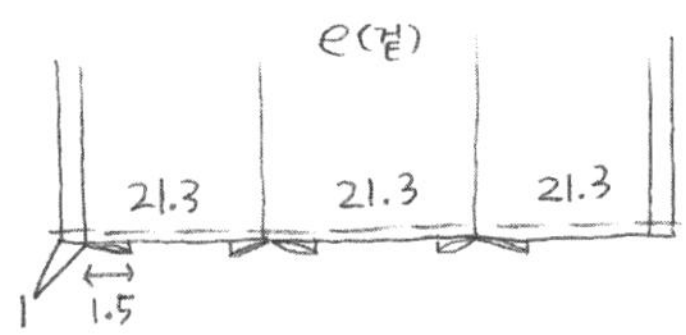


## 6. f 만들기 f도 d 만들기와 같은 방법으로 만들어 놓는다.(단, 주름분량은 4㎝씩, 등분은 없음)

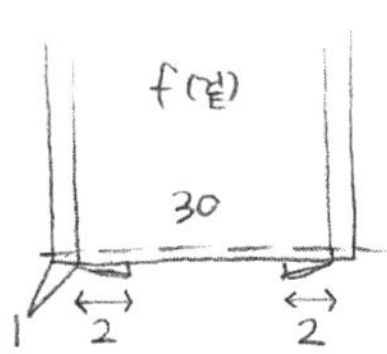

### 7. 몸체에 준비해둔 포켓 연결하기

❶ a 위에 그림처럼 포켓 달 위치를 표시해둔다.

❷ a에 b를 부착한다. 양쪽 2㎝씩 시접은 안쪽으로 꺾은 뒤 아일렛으로 부착한다.(아일렛 다는 간격은 6㎝로 한다.)

❸ c, d, e, f 모두 과정①의 위치에 맞춰 입구를 제외한 3면을 1㎝씩 접어 박아준다.

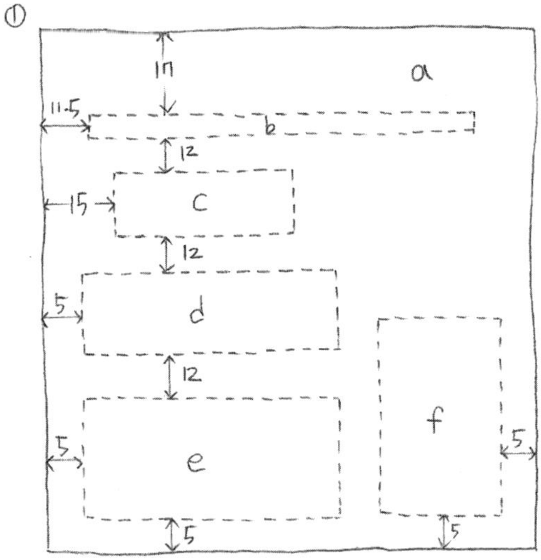


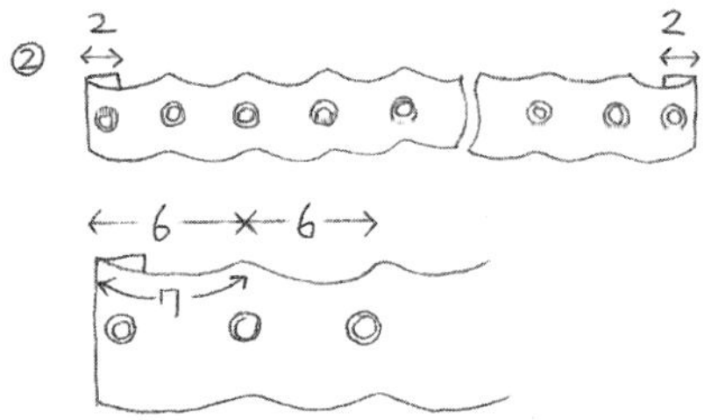


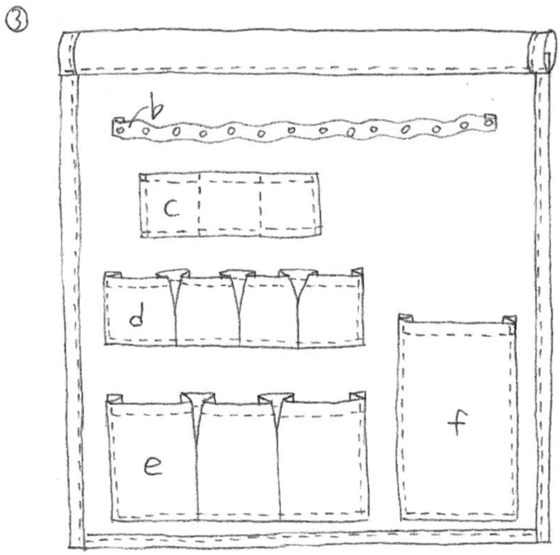


### 8. 가시도트를 달고 봉을 끼워 완성한다.

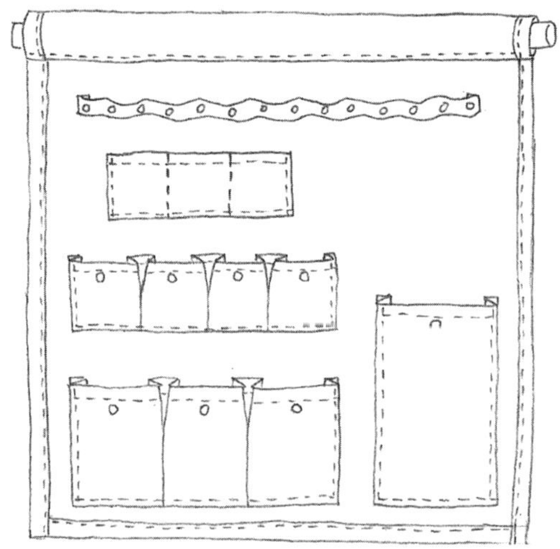

# 작업용 에이프런

Working Apron P.76

**완성사이즈** 84×60㎝

**재료** 겉감용 – 옥스퍼드(크림색) 1마
포켓용, 덧댐용 – 조각원단 여러 장

**부자재** 아일렛(28㎝) 4set, 플라스틱 스냅단추(베이지) 4set, 면스트링 160㎝ 3개

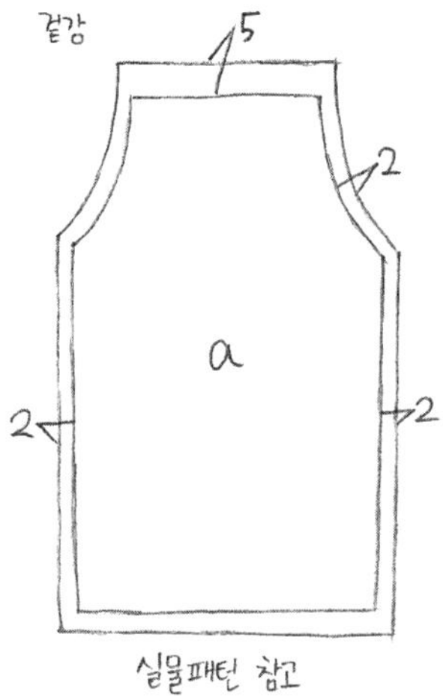


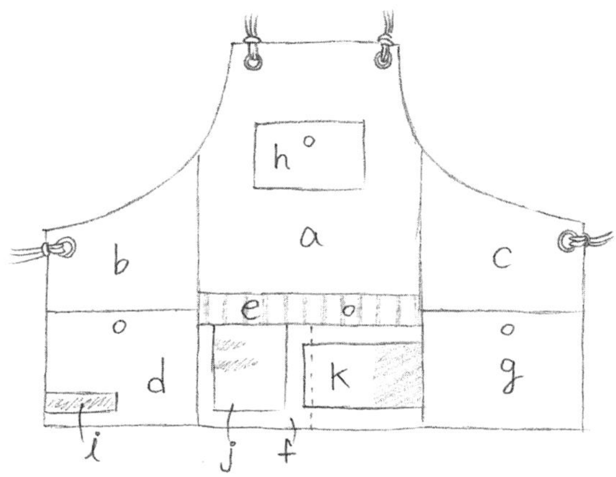


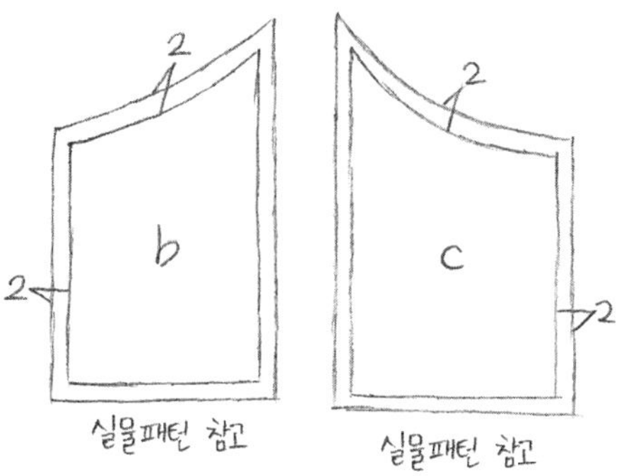


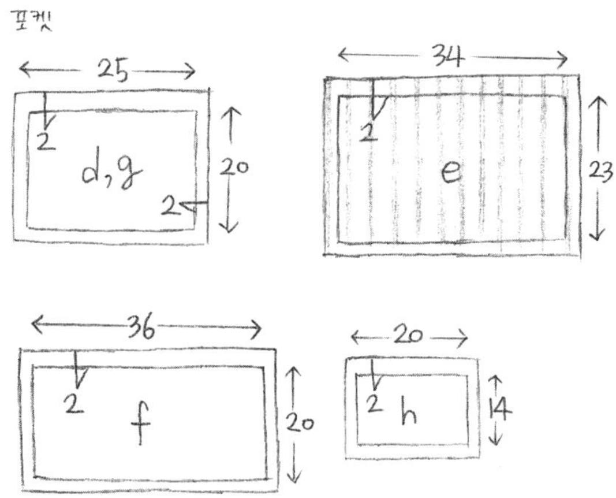


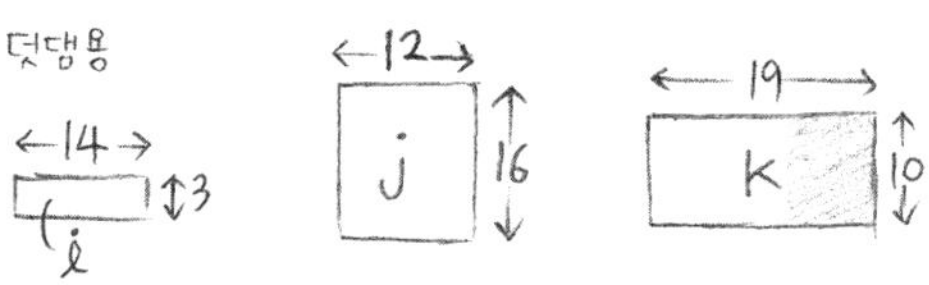


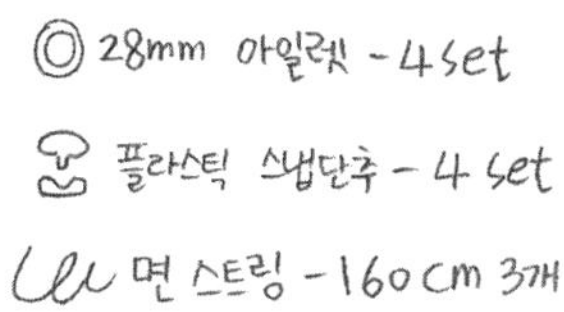

### 1. 포켓 만들기

❶ d, e, f, g, h의 입구부분은 1㎝씩 두 번 접어 박는다.

❷ d의 겉에 i를 부착시킨다.

❸ f의 겉에 j와 k도 부착시킨다.

❹ 그림과 같이 e 위에 f를 올려둔 후 f의 중심을 세로로 박는다. 나머지 3면은 시침해둔다.

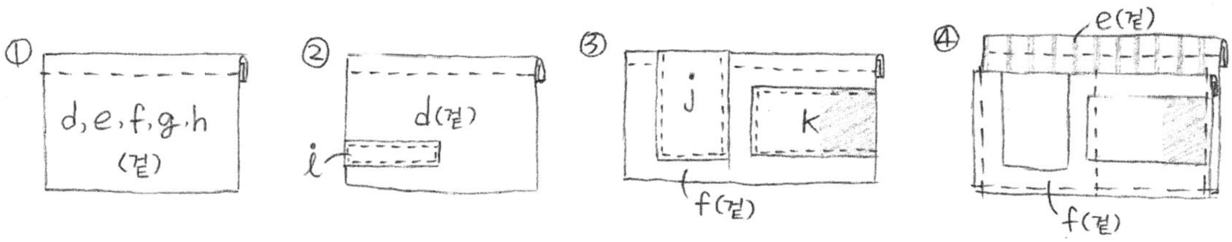


### 2. a에 포켓 연결하기

❶ a와 e는 안이 위로 오게 한 후 아래를 박는다.

❷ e를 a의 겉으로 뒤집은 후 양쪽은 시침해둔다.

❸ h는 입구부분을 제외한 3면을 1㎝씩 시접 안으로 접어 박는다.(위에서 17㎝ 내려온 지점)

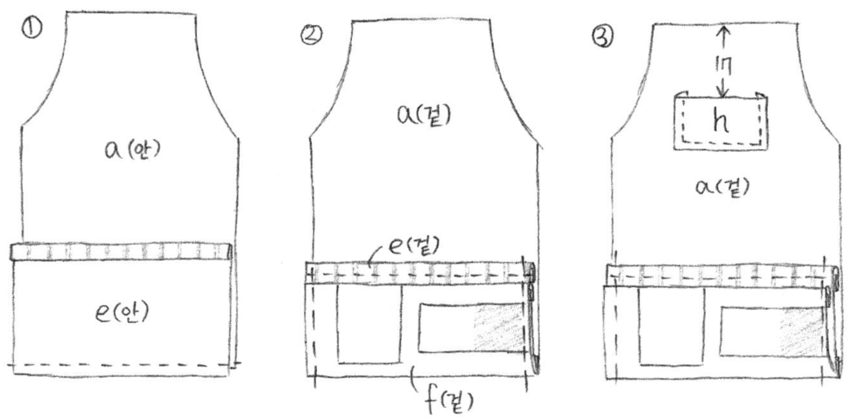


### 3. b, c에 포켓 연결하기

❶ b의 옆선은 1㎝씩 안으로 두 번 접어 박는다.

❷ b의 안 위에 d의 시접 2㎝ 튀어나오게 올린 뒤, 튀어나온 시접은 b의 겉으로 감싸듯 접어놓고 아래를 박는다.

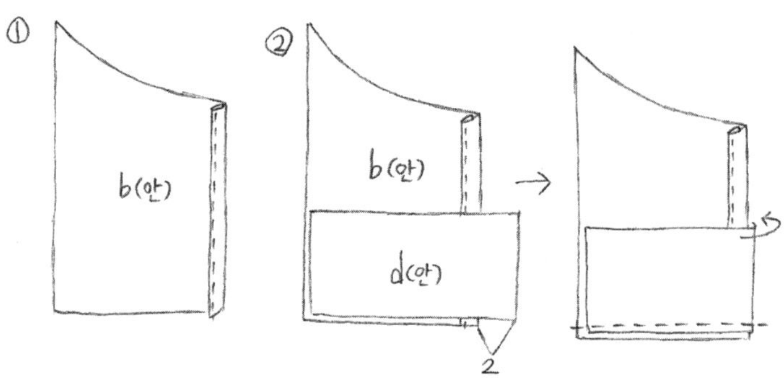

❸ d를 b의 겉으로 뒤집은 뒤 왼쪽은 박고, 오른쪽은 시침해둔다.
c와 g도 같은 방법으로 만들어 놓는다.

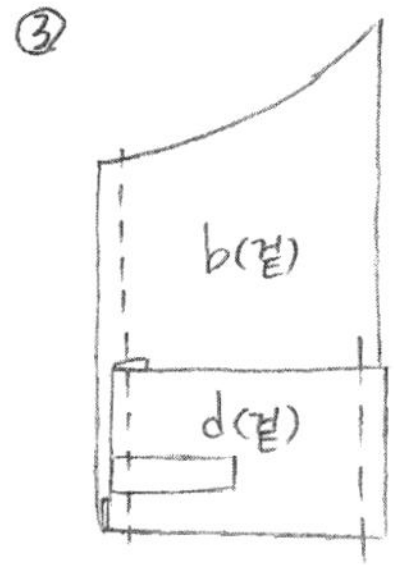


## 4. 완성된 a, b, c 연결하기

❶ 그림과 같이 c + a + b를 연결한 뒤 오버로크한다.
❷ 시접을 b, c 방향으로 꺾고, 겉에서 상침한다.

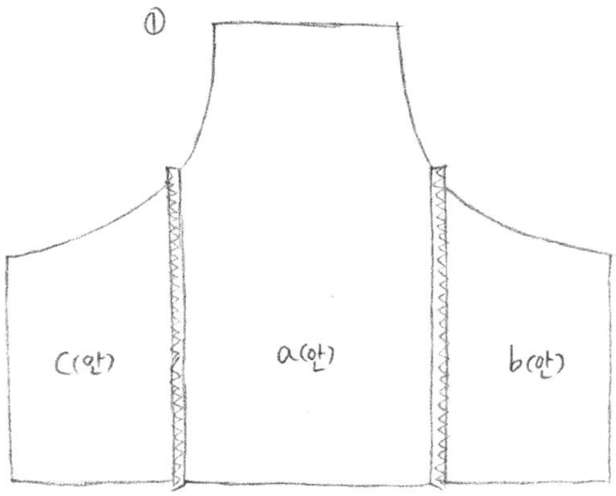


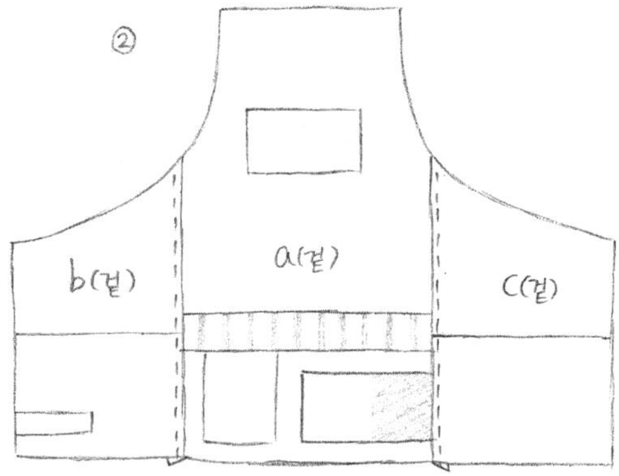


## 5. 가장자리 접어 박기

❶ 양쪽 곡선 부분은 1㎝씩 두 번 접어 박는다.
❷ 윗부분은 1㎝ 접고, 4㎝ 접어 박는다.
❸ 스냅단추를 달아준다.

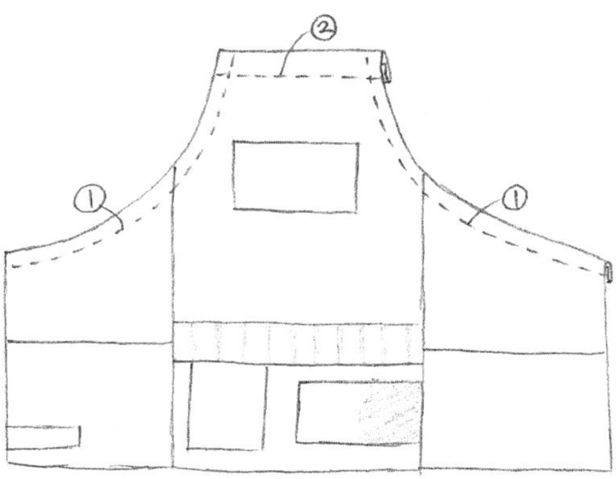


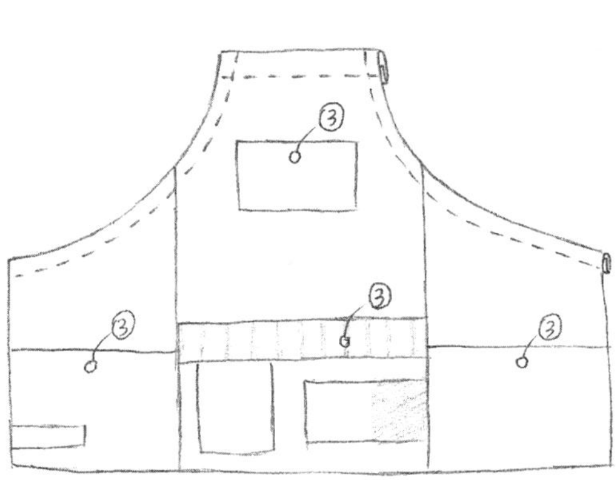

### 6. 아일렛 달고 끈 끼우기

❶, ❷ 아일렛을 달고 끈을 끼워 완성한다.

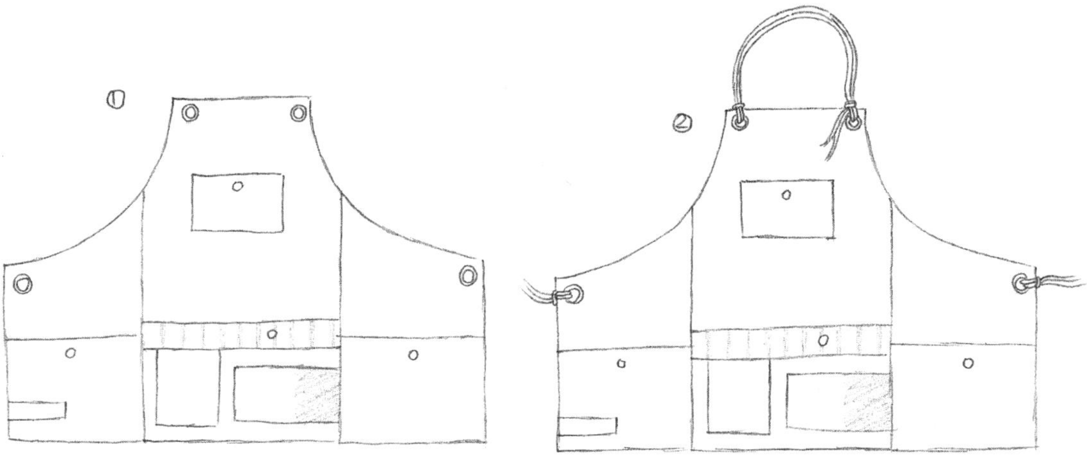

### <끈 묶는 방법>

❶ 끈을 반으로 접어 왼쪽 아일렛 구멍으로 살짝 통과시킨다.

❷ 통과시킨 끈은 동그란 형태로 만들어 놓고, 반대편 두 줄을 동그라미 안으로 넣어 잡아당겨준다.
(허리끈 묶는 방법도 동일)

❸ 오른쪽 아일렛 구멍에는 두 줄 통과시켜 묶어준다.

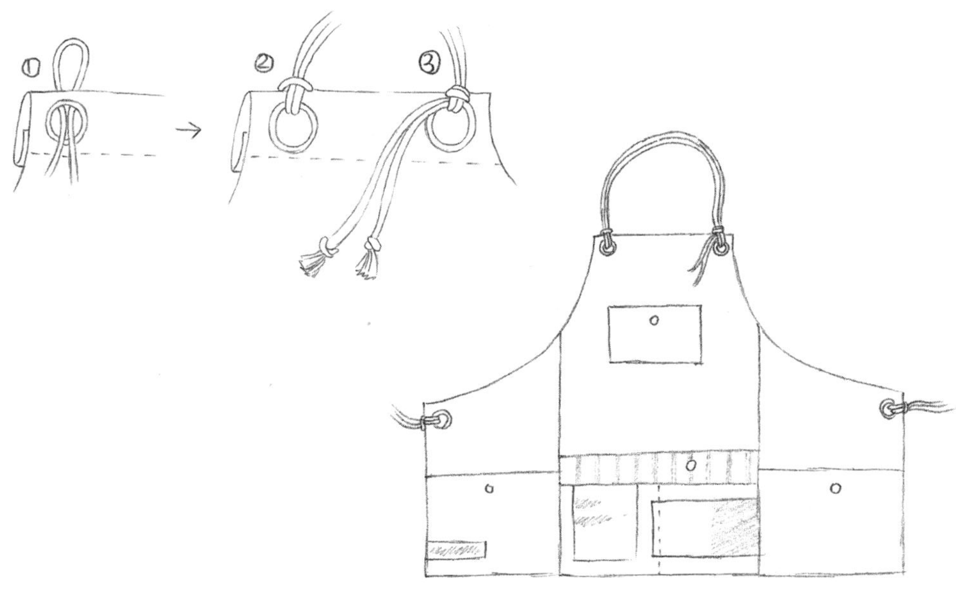

**완성사이즈** 9×12×12㎝(도시락 파우치), 10×10×23㎝(물병 파우치)
**재료** 겉감용(도시락 파우치) – 면(스트라이프) ½마
겉감용(물병 파우치) – 리넨(스트라이프) ½마, 안감용 – 면(플라워) ½마

# 도시락 & 물병 파우치

Lunch Box & Water Bottle Pouch P.78

<도시락 파우치 만들기>

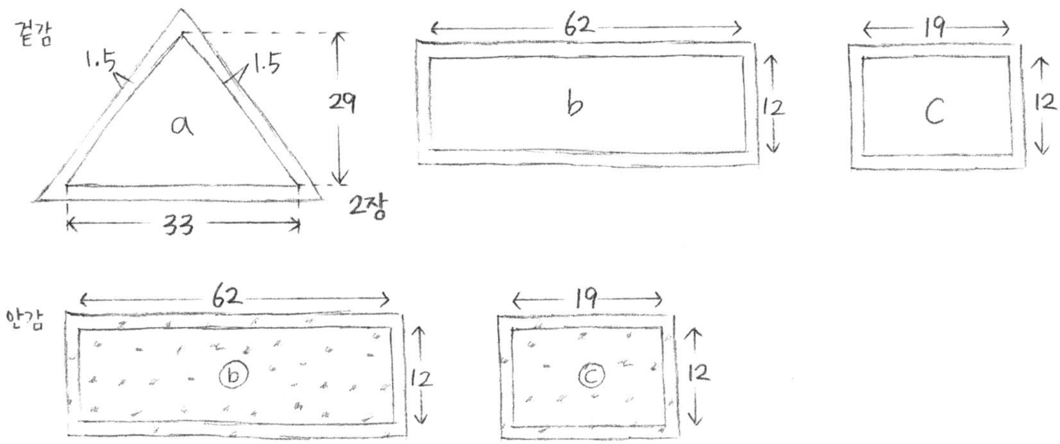


## 1. 삼각끈 a 만들기

❶ a의 꼭지점은 완성선에서 0.5㎝ 남긴 후 잘라낸다.
❷–❹ 그림과 같이 시접을 접어 홈질한다.(2장 모두)

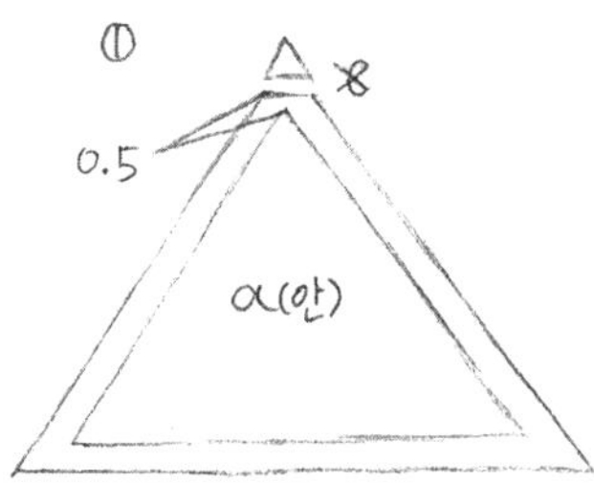


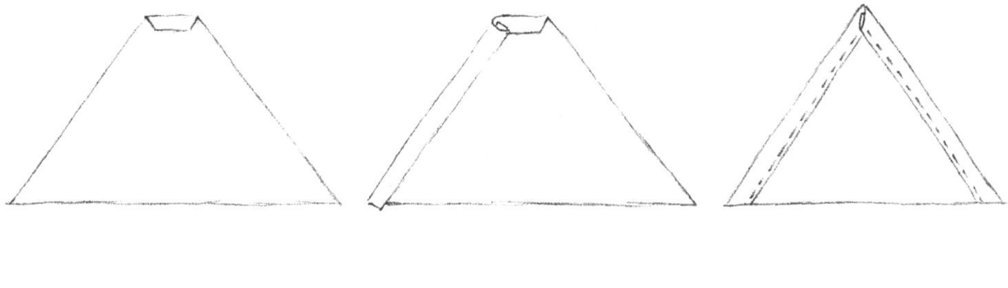

2. **옆면 박기** b는 그림의 치수대로 표시해둔 후 반을 접어 박아둔다.

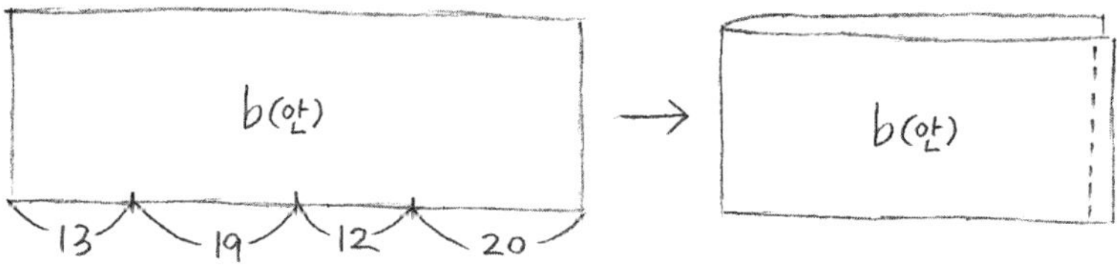


3. **바닥과 몸체 연결하기** 몸체b와 바닥c를 연결한다. 이때 바닥의 모서리 부분에 해당하는 몸체의 시접은 가위집을 넣어주며 박는다.

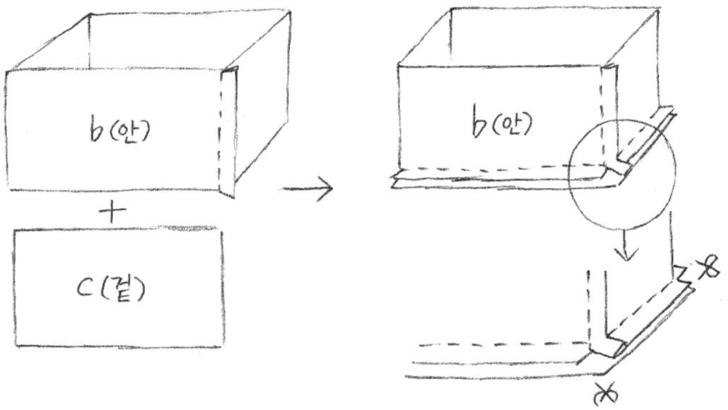


4. **안감 만들기** 안감도 과정2, 3과 같은 방법으로 만들어둔다. 이때 창구멍 8㎝를 안감 몸체 부분에 남겨둔다.

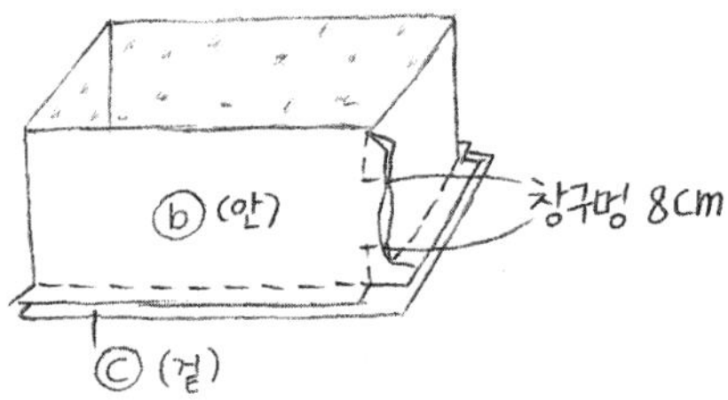


5. **삼각끈, 겉감, 안감 연결하기**

❶ 그림과 같이 b의 겉 위에 a 2장을 2㎝ 겹치게 포개어 놓은 후 둘레를 시침해둔다.

❷ 과정① 위에 안감ⓑ의 안을 위로 오게 포갠 후 둘레를 박는다.

❸ 창구멍으로 뒤집은 후 공그르기로 막는다. 들뜨지 않게 b의 윗부분을 홈질해준다.

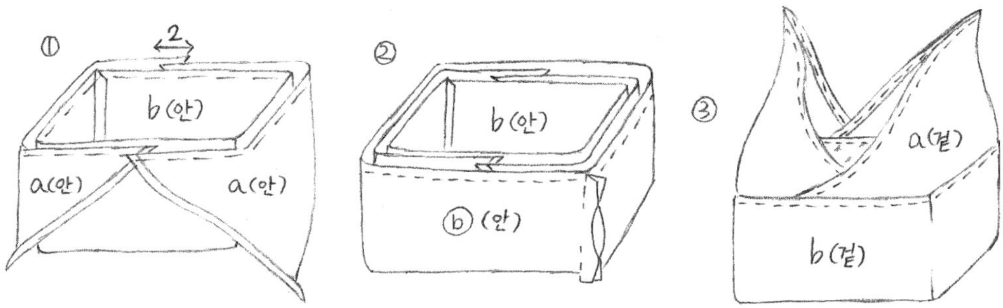

## <물병 파우치 만들기>

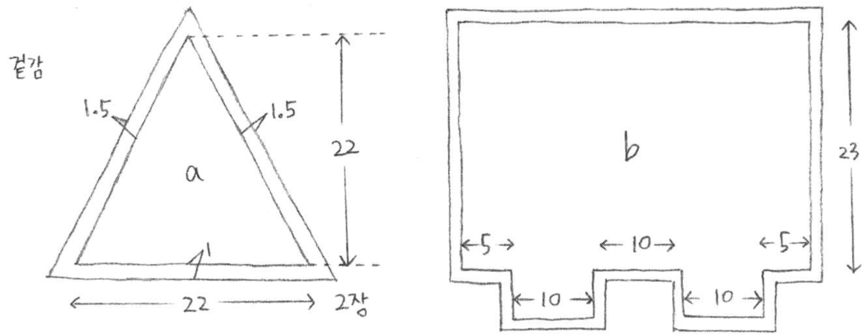


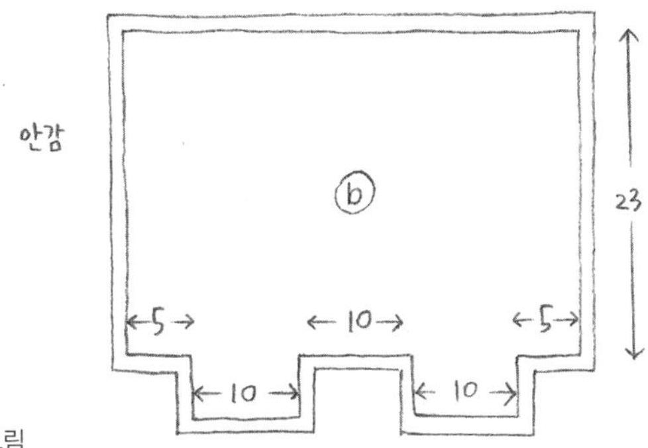


1. **삼각끈 a 만들기**(도시락 주머니 만들기법 과정1 참고)

2. **옆선, 바닥면 박기**
   ❶ b는 반을 접은 뒤 옆선과 바닥만 박아준다.
   ❷, ❸ ★끼리 맞추어 박고 ♥끼리 맞추어 박아 ③의 그림 처럼 모양을 잡아준다.

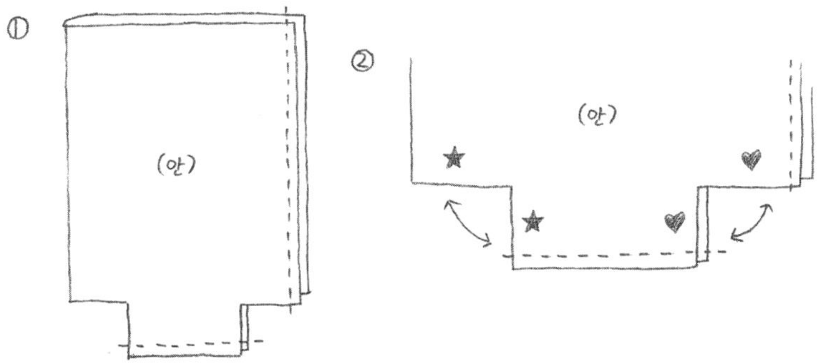


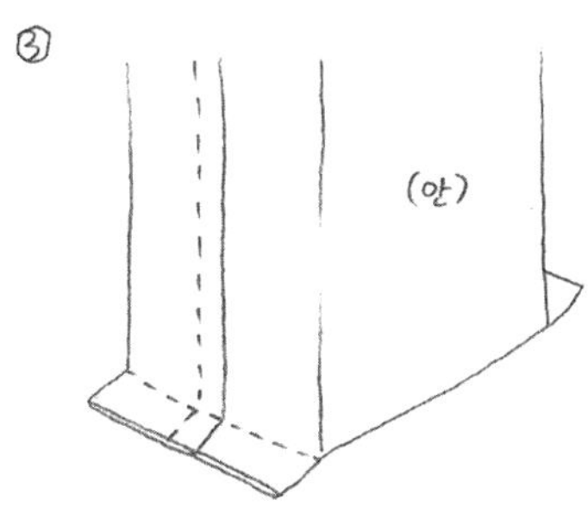


3. **안감 만들기** 과정2의 옆선, 바닥 박기와 동일하다. 이때 옆선에서는 창구멍 8㎝를 남긴 후 박는다.

4. **삼각끈, 겉감, 안감 연결하기**
   (도시락 주머니 만들기법 과정5 참고)

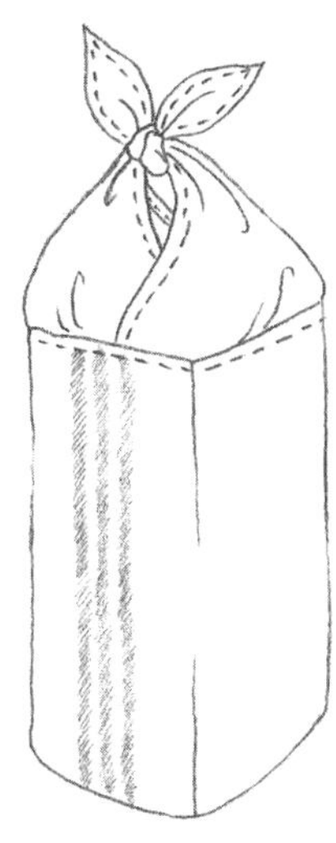

# 포 뷰 밴딩 스커트

Four View Banding Skirt P.84

**완성사이즈** 30×75cm
**재료** 리넨 또는 면 2마
**부자재** 고무줄(2.5cm 폭) 62cm

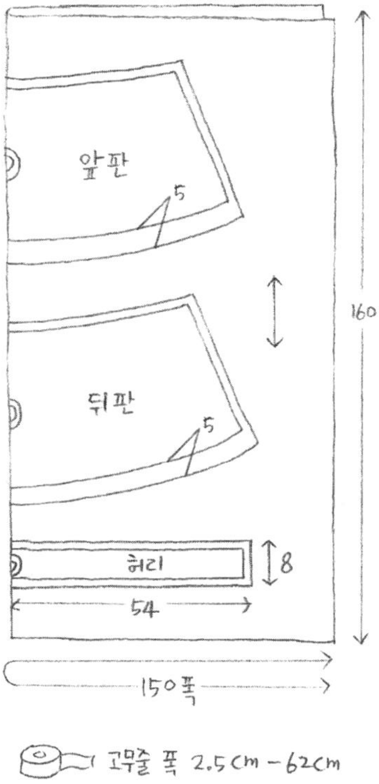


1. 그림과 같이 주름분량을 표시해둔다.(뒤판도 동일)

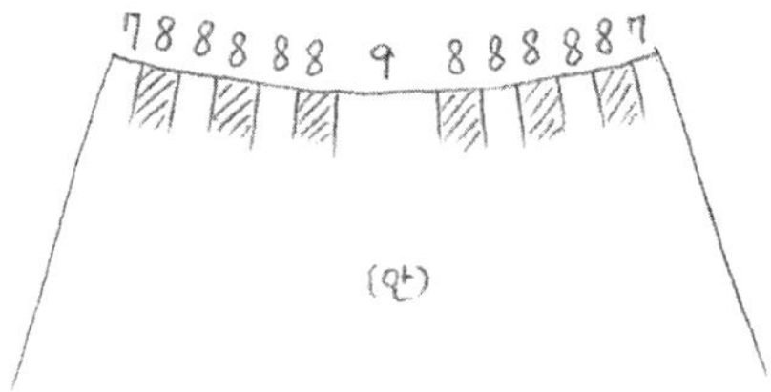


2. 주름부분은 4cm씩 반으로 접어 L자 모양으로 박아둔다.(뒤판도 동일)

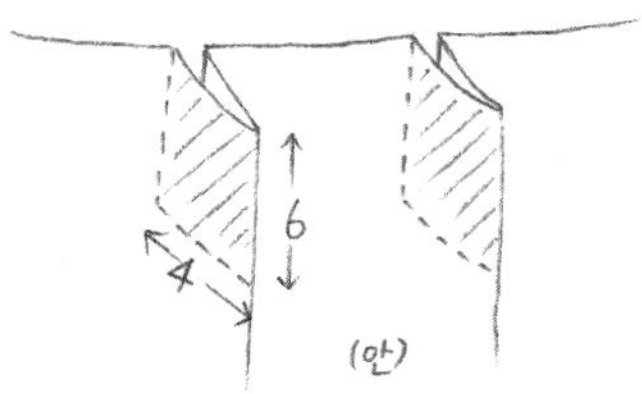


3. 주름을 중심부분으로 꺾은 뒤 앞판, 뒤판은 겉끼리 마주대고 양옆을 박은 후 오버로크해둔다.

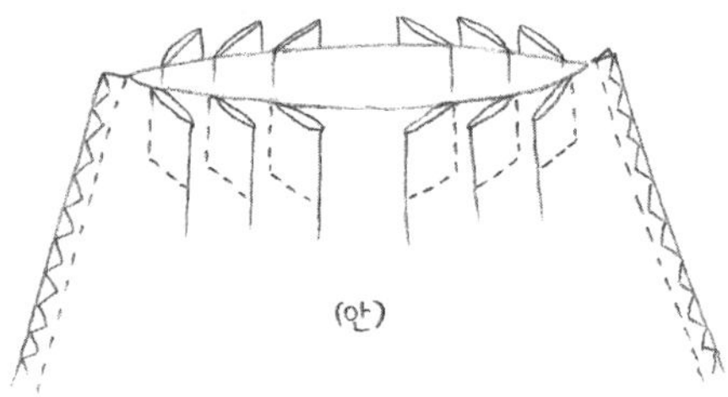

4. 아랫단은 안으로 1㎝ 접고, 4㎝ 접은 후 바늘땀이 겉에서 표시 나지 않게 한 땀씩 공그르기로 떠준다.

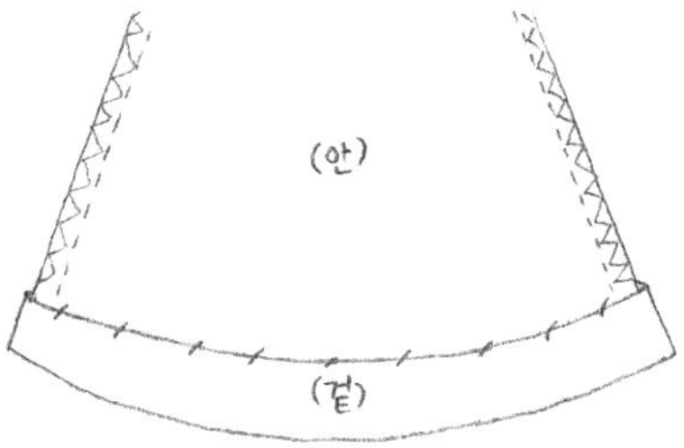


5. 허리는 그림과 같이 고무줄 넣는 구멍을 남긴 후 연결해둔다.

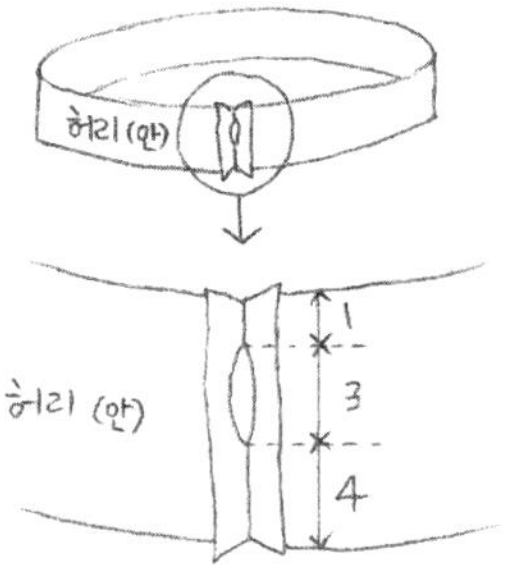


6. 허리 아래 시접을 1㎝ 안으로 접어 다림질한 후 스커트 위에 올리고 그 둘레를 박는다.

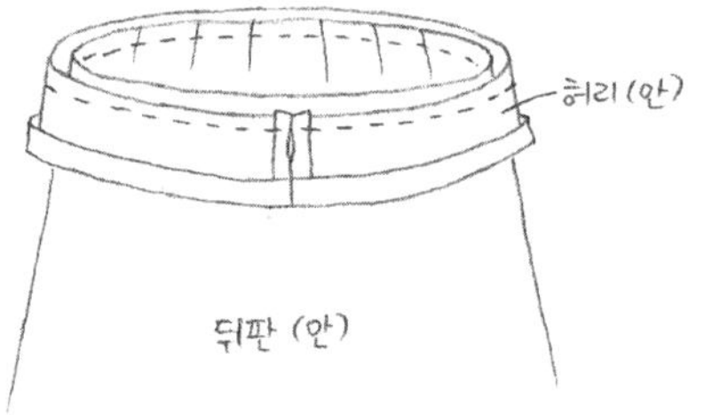


7. 허리를 들어 올린 뒤 반으로 접어 스커트의 겉에서 박는다.

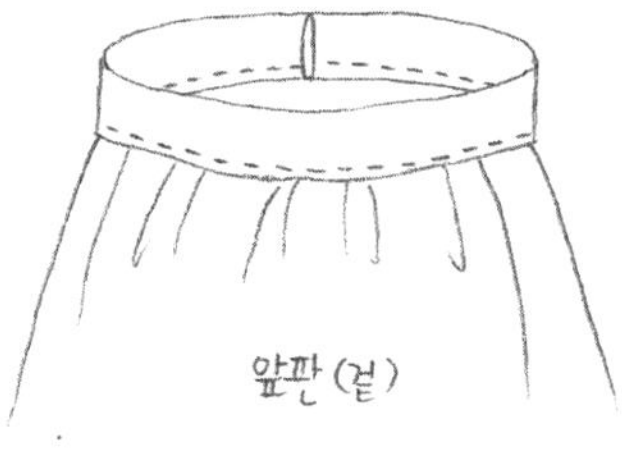


8. 그림과 같이 고무줄을 끼운 후 2㎝ 겹치도록 박은 후 마무리한다.

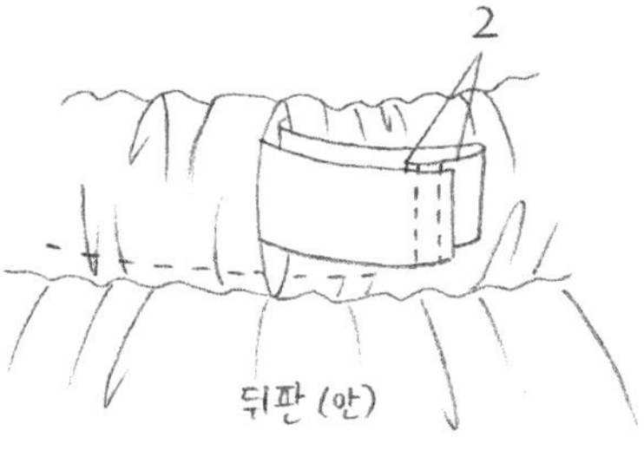

# 롱 롱 패치 쇼퍼백

Long Long Patchwork Shopper Bag P.92

**완성사이즈** 48×16×30cm

**재료** 겉감용 – 면(다양한 프린트) 78cm 길이의 조각원단 8장
안감용(끈, 여밈 포함) – 면(플라워) 1마, 리넨(베이지) ½마
덧댐용 – 조각원단 4장

**부자재** 퀼팅솜(4온스) 1마, 플라스틱 스냅단추(베이지) 4set

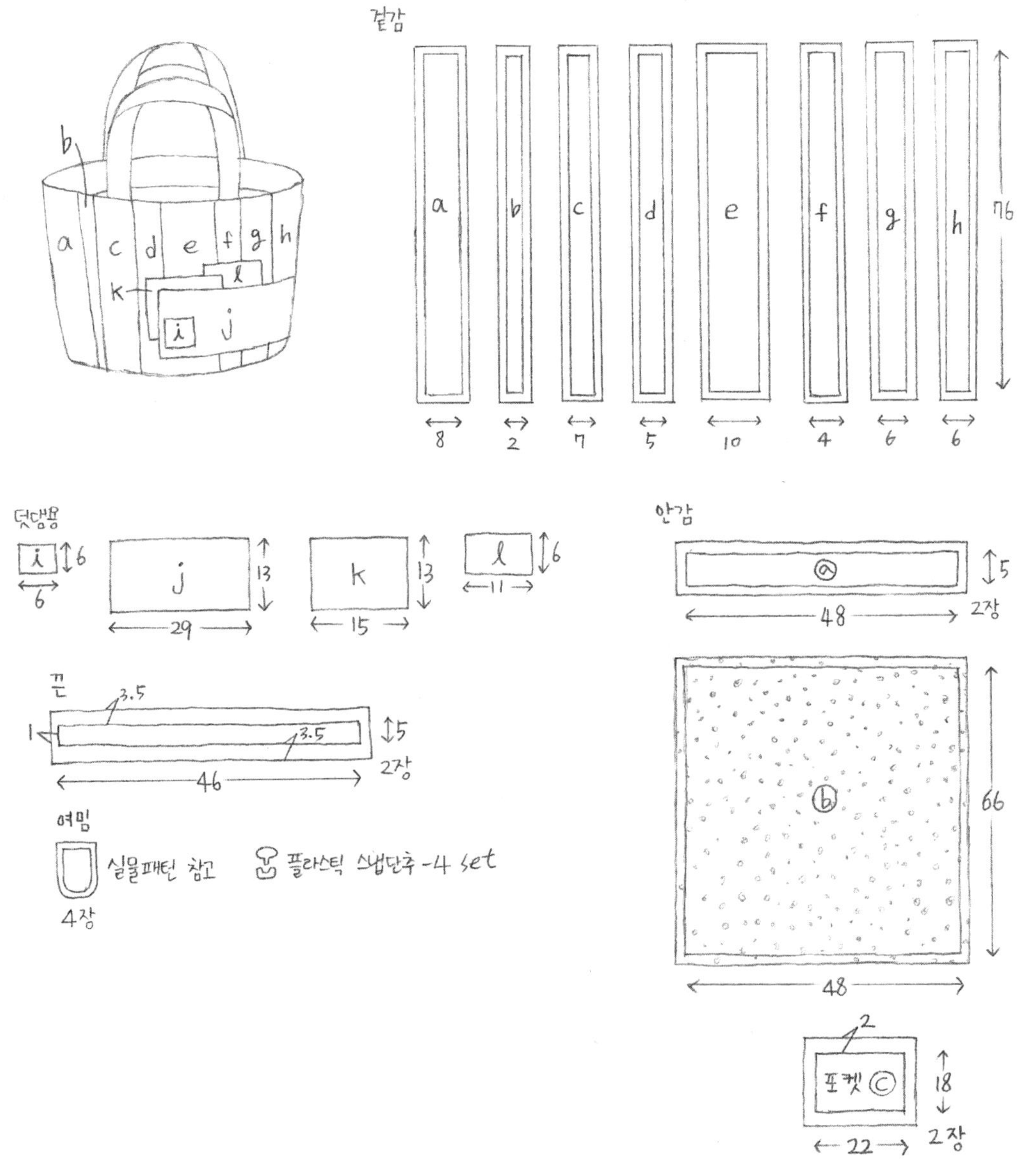

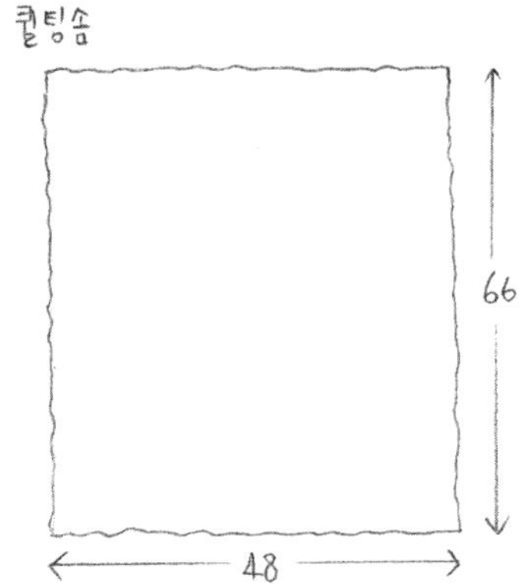


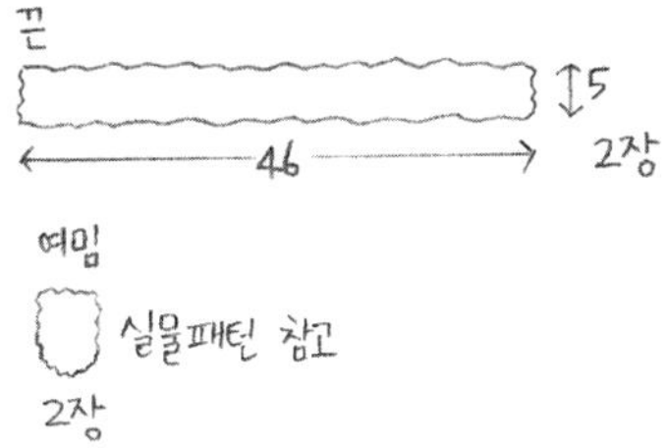


### 1. 겉감 만들기

❶ 겉감용 조각원단 8개를 모두 연결한다.
❷ 과정①의 몸체 위에 덧댐용 원단을 그림과 같이 홈질 또는 감침질로 부착한다.
❸ 퀼팅솜을 몸체의 아래에 두고 시침한 후 퀼팅한다.(퀼팅 간격은 경계선에서 0.3cm 떨어진 곳)
❹ 위아래 반을 접은 후 양쪽 옆선을 박는다.
❺ 바닥 16cm를 그림과 같이 박은 후 시접 1cm를 남기고 자른다.

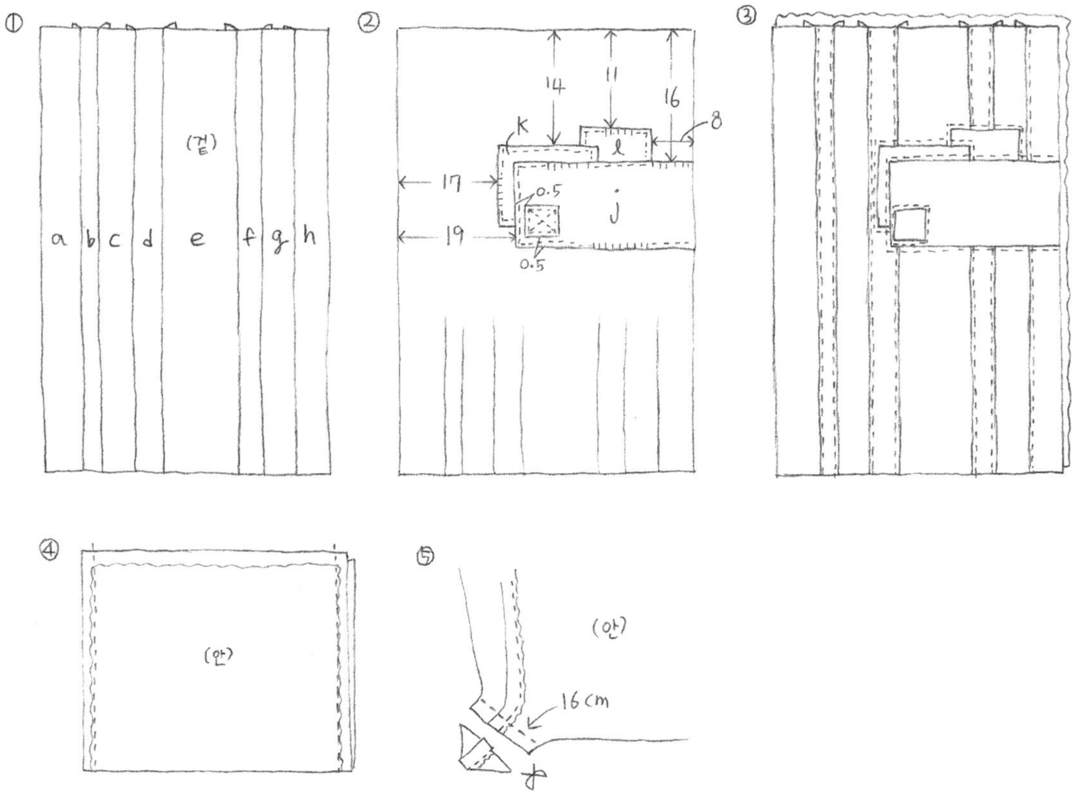

### 2. 끈 만들기

❶ 그림과 같이 끈 원단의 안이 위로 오게 놓은 후 퀼팅솜을 중앙에 올린다.
❷ 시접 1cm를 안으로 접어 솜을 감싼 뒤 홈질한다.(단, 바느질선은 앞쪽에는 보이지 않게 한다.)
❸ 끈의 앞쪽에서 3줄을 홈질한다.
❹ 양쪽 끝을 그림과 같이 1cm씩 삼각형 모양으로 잘라낸다.

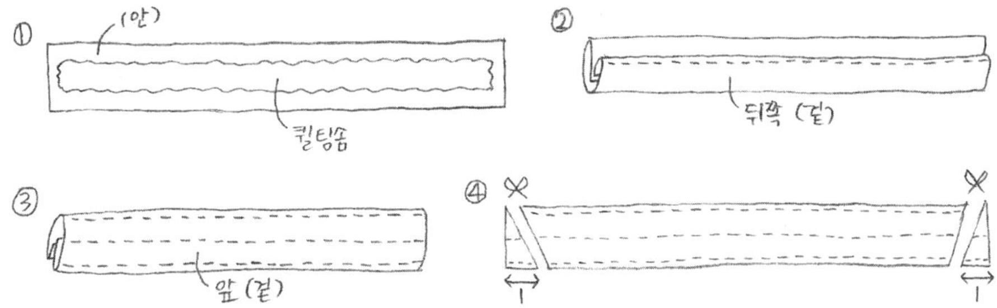


### 3. 여밈 장식 만들기

❶ 여밈 원단의 안이 위로 보게 놓은 후 솜을 놓고 시침한다.
❷ 겉과 겉이 마주보도록 놓은 후 위쪽을 남긴 후 박는다.
❸ 박은 후 시접은 0.5cm만 남기고 잘라준다.
❹ 뒤집어서 가장자리를 홈질하고, 홈질한 뒤 시침실은 제거한다.(다른 하나도 똑같이 준비한다.)
❺ 한쪽에는 오목 스냅단추 2개, 다른 한쪽에는 볼록 스냅단추 2개를 달아준다.(스냅단추의 간격 3cm)

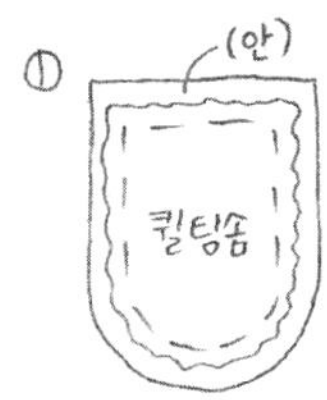


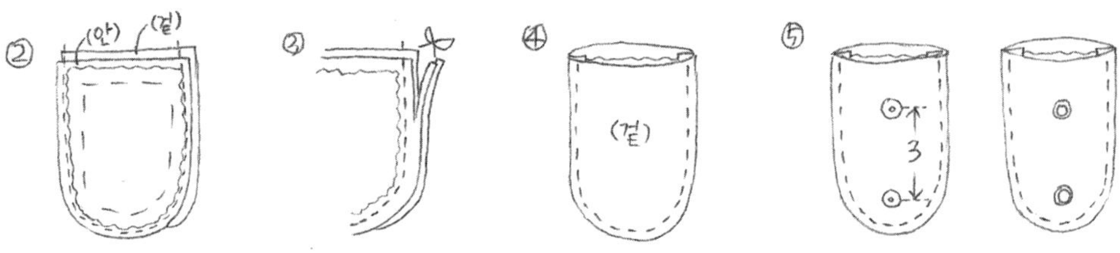


### 4. 안감 만들기

❶ 안감에 달릴 포켓ⓒ는 그림과 같이 입구 쪽을 1cm 두 번 접어 박아둔다.(2장 모두)
❷ 안감ⓑ의 겉 위에 그림과 같이 포켓을 달아준다.
❸ 포켓 입구의 벌어짐을 막기 위해 스냅단추를 달아준다.

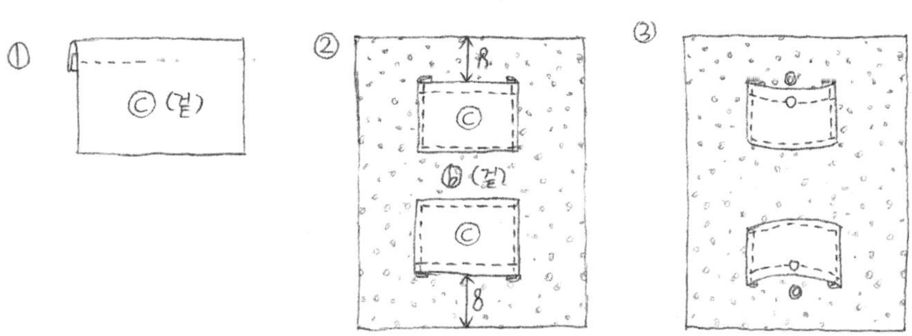

❹, ❺ 과정3의 여밈 장식을 그림과 같이 시침해둔 뒤 안감ⓐ를 위아래 연결한다.
❻ 겉과 겉이 마주보게 위아래 반으로 접어 창구멍을 남긴 후 양옆을 박아준다.
❼ 바닥은 그림과 같이 16㎝ 박은 후 시접 1㎝를 남기고 자른다.

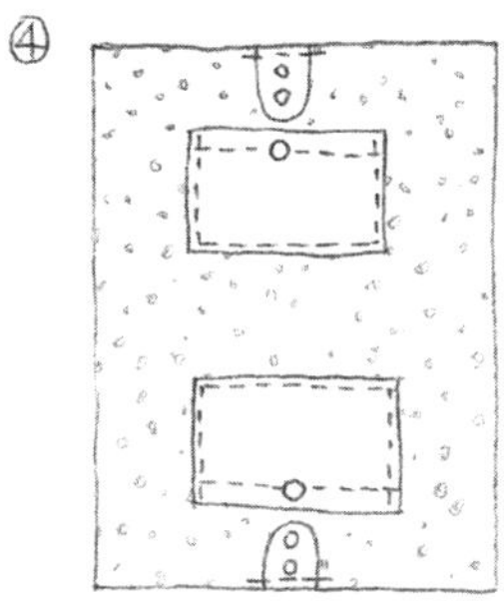

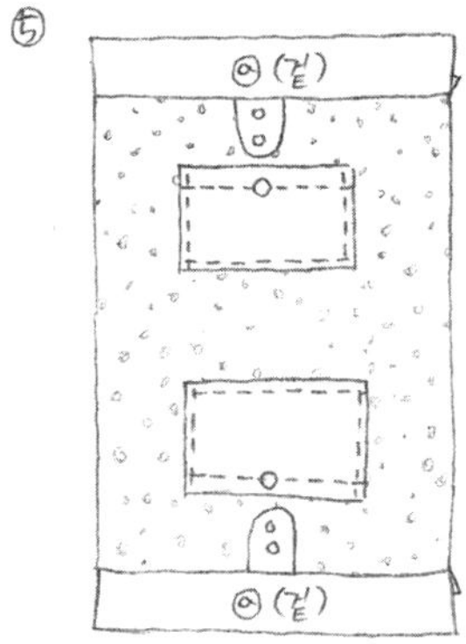


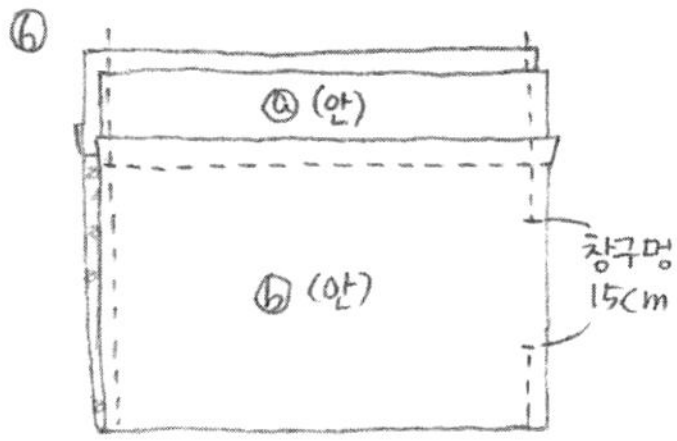


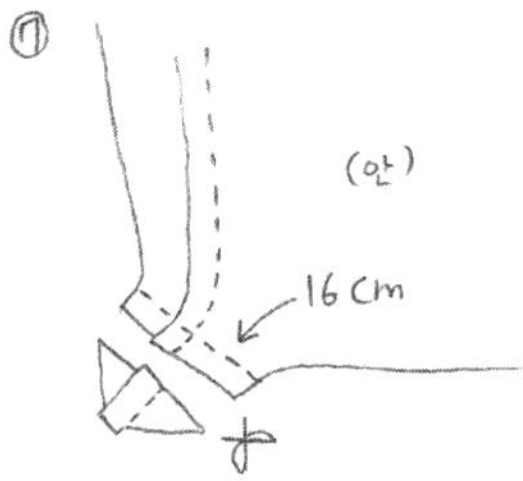


## 5. 겉감, 안감, 끈 연결하기

❶ 겉감의 겉 위에 과정2의 끈을 16㎝ 벌린 후 시침해둔다.
❷ 겉과 겉이 마주보게 안감 속에 겉감을 집어넣어 입구부분을 박아준다.
❸ 안감의 창구멍으로 뒤집은 후 창구멍은 공그르기로 막아준다.
안감이 들뜨지 않도록 안감ⓐ의 아래선을 따라 퀼팅해준다.(단, 겉감에는 바늘땀이 표시 나지 않도록 안감과 솜만 퀼팅한다.)

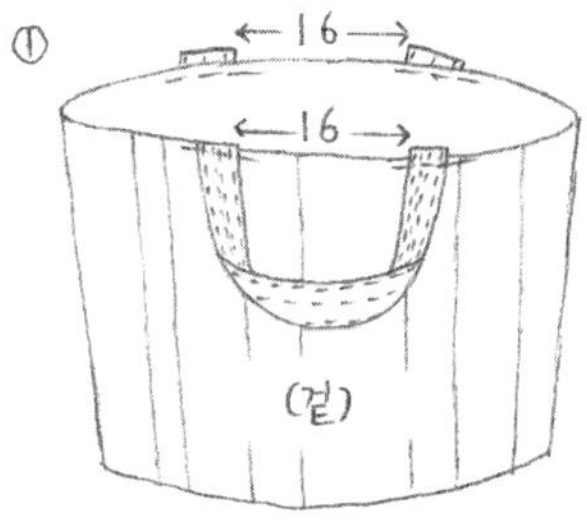


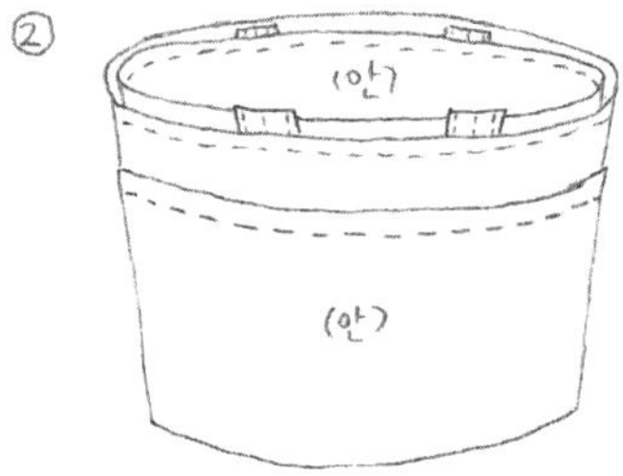

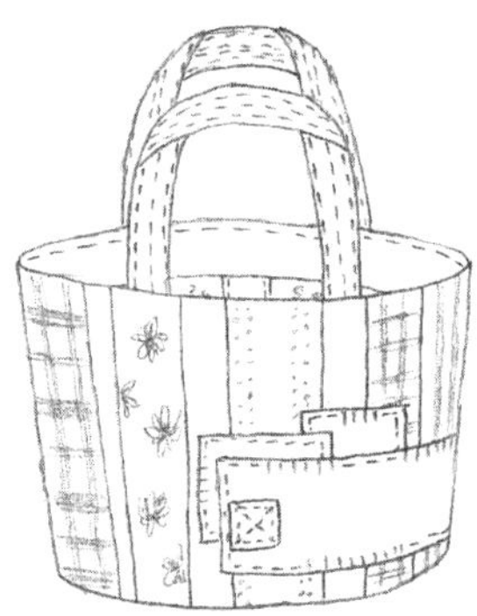

# 플라워 보스턴백

Flower Boston Bag P.94

**완성사이즈** 40×13×26cm

**재료** 겉감용– 면(플라워) 1마
안감용– 리넨(스트라이프) 1마

**부자재** 퀼팅솜(4온스) 1마, 지퍼 58cm 1개, D자 링(4.5cm 폭) 2개, 연결고리(4.5cm 폭) 2개, 가방끈 길이 조절고리(4.5cm 폭) 1개

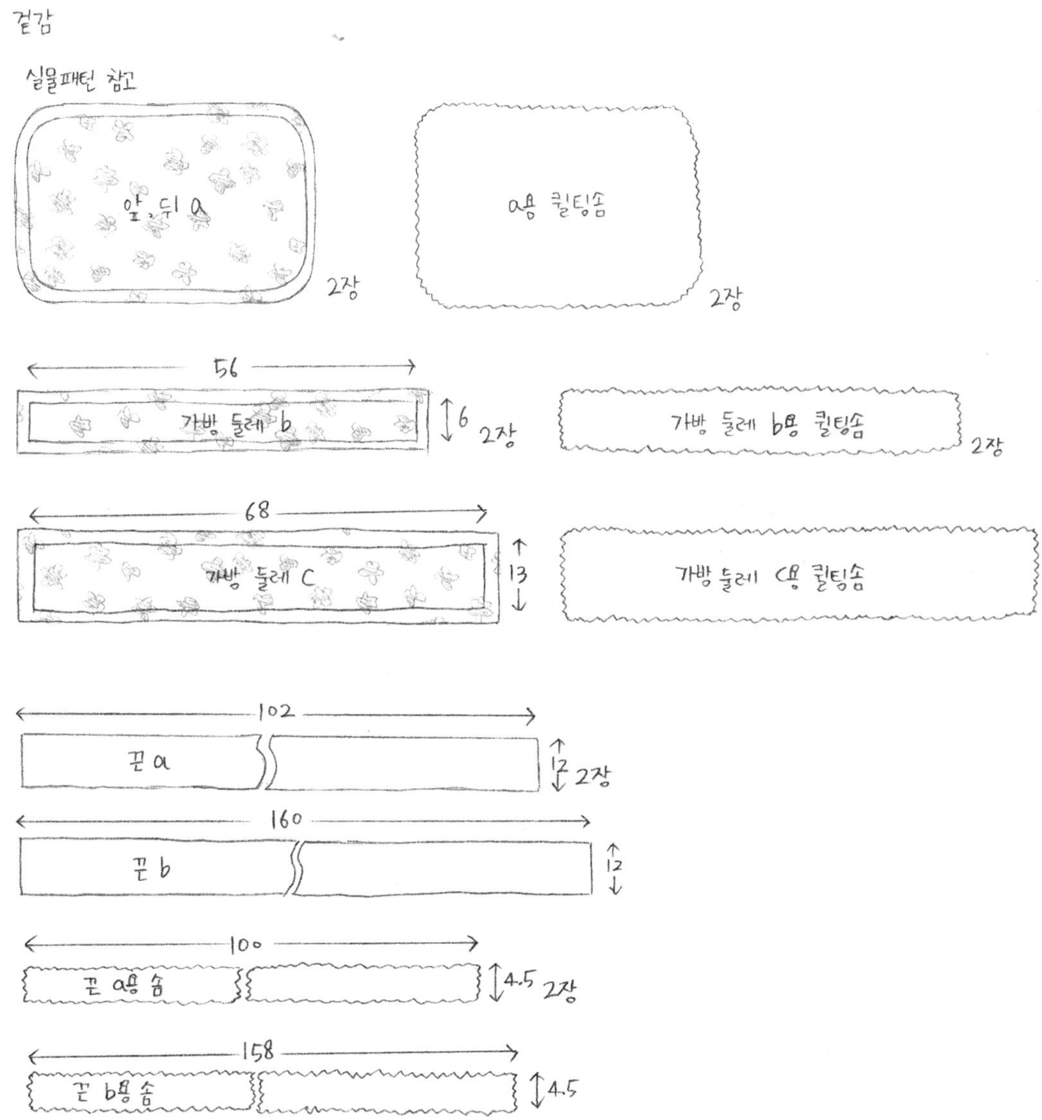

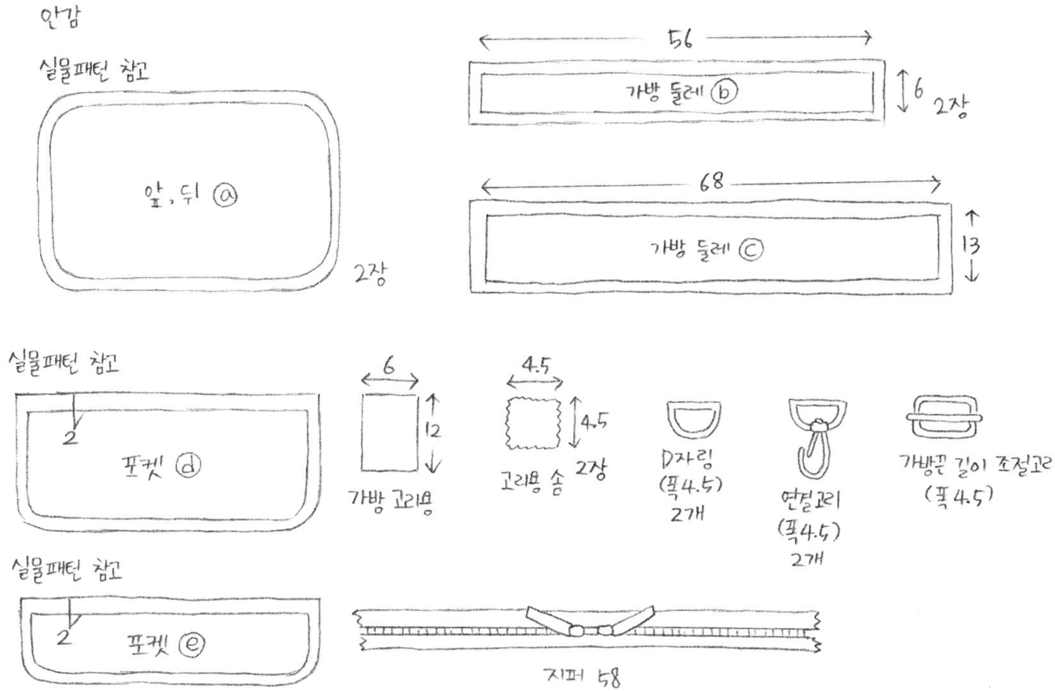


1. **퀼팅하기** 겉감a의 앞판, 뒤판, 가방둘레 b, c 모두 퀼팅솜을 대고 퀼팅해준다.

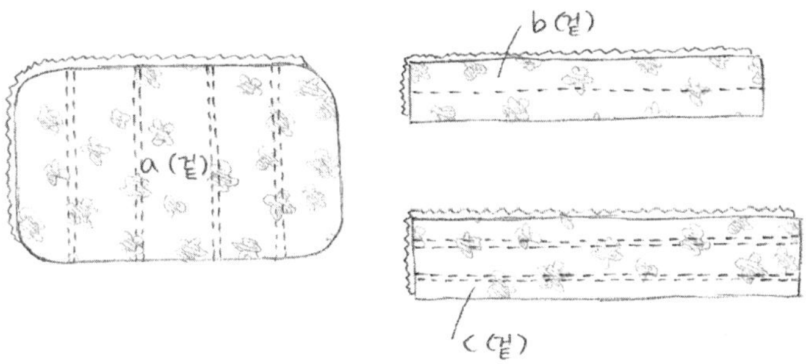


2. **끈 만들기**

❶ 끈a는 그림과 같이 퀼팅솜을 공그르기로 감싸 놓는다.(2장 모두)

❷ 끈b도 a와 같은 방식으로 감싼 뒤 그림과 같이 퀼팅해둔다.

❸ 가방 고리용 원단도 그림과 같이 만든 후 D자 고리에 끼워 끝부분을 시침해둔다.(2장 모두)

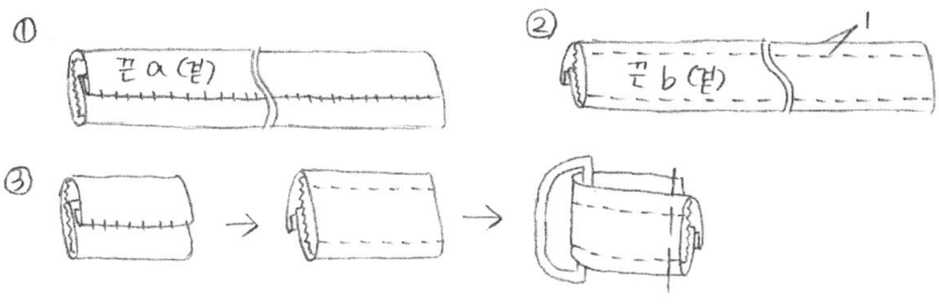

## 3. 지퍼 달기

❶ 퀼팅해둔 가방둘레b의 겉 위에 지퍼의 안이 위로 오게 둔 뒤 박는다.

❷ 지퍼를 들어올려 시접을 가방둘레 쪽으로 꺾은 뒤 상침한다.(퀼팅하듯이)

❸ 반대편도 똑같은 방법으로 만들어 놓는다.

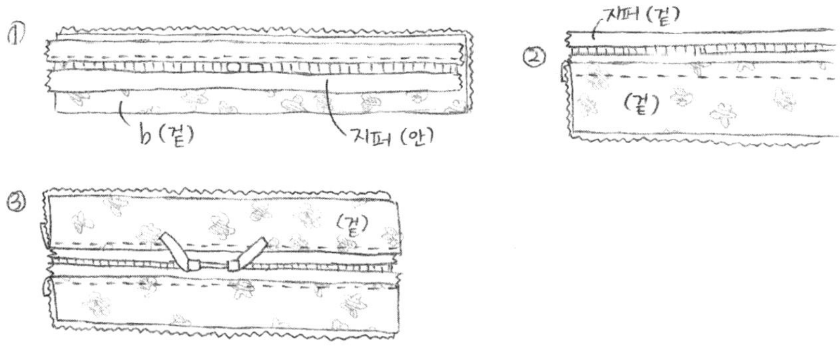


## 4. 가방 둘레 연결하기

❶ 준비해둔 가방둘레a와 b를 원통 모양으로 연결한다.

❷ 이때 준비해둔 가방고리를 가방둘레b와 c사이에 끼워 넣은 후 함께 박아준다.(되돌아박기로 튼튼하게 박아준다.)

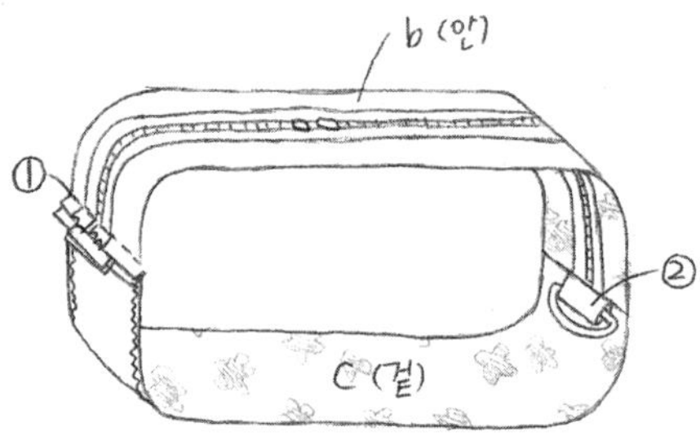


**5. 앞판, 뒤판에 끈 연결하기** 그림의 위치대로 앞판a와 끈a를 홈질로 연결한다. 이때 가방 윗부분에서 2㎝ 내려온 지점부터는 끈에만 퀼팅하듯 홈질한다.(뒤판도 동일)

**6. 앞판, 뒤판과 가방둘레 연결하기** 중심을 잘 맞춰가며 앞판과 뒤판에 가방둘레를 연결한다.

## 7. 안감 만들기

❶ 가방둘레ⓑ 2장은 1㎝씩 안으로 접어 다림질해둔다.

❷ 그림과 같이 가방둘레ⓑ는 1㎝ 벌린 뒤 가방둘레ⓒ를 올려 양쪽을 박는다.

❸ 안감의 앞판, 뒤판에 포켓 달기

1) 포켓ⓓ는 입구 쪽을 1㎝씩 두 번 접어 박고, 안감의 앞판에 그림과 같이 시침한 후 중심을 박아준다.

2) 포켓ⓔ의 입구도 1㎝씩 두 번 접어 박고 안감 뒤판에 시침질한 후 3등분해서 박아준다.

❹ 준비해둔 안감 가방둘레와 몸체를 연결한다.

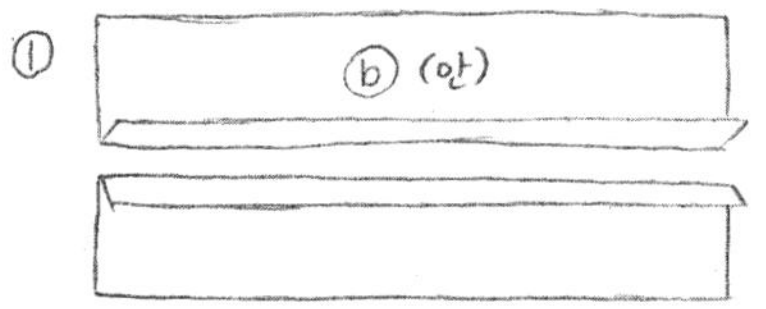


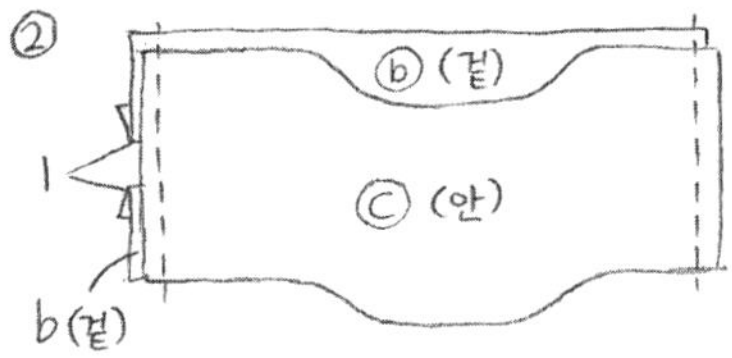


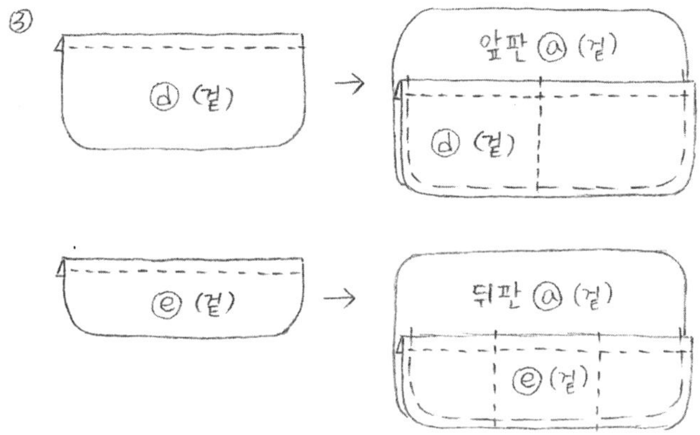


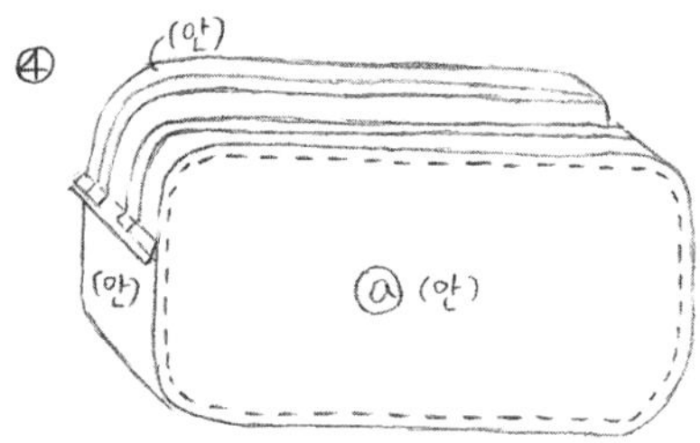


## 8. 안감과 겉감 연결하기 안과 안이 마주보게 안감 속에 겉감을 집어넣어 안감 쪽에서 지퍼 부분을 공그르기로 마무리한다.

## 9. 준비해둔 끈b는 가방 연결 부속품을 끼워 완성한다.

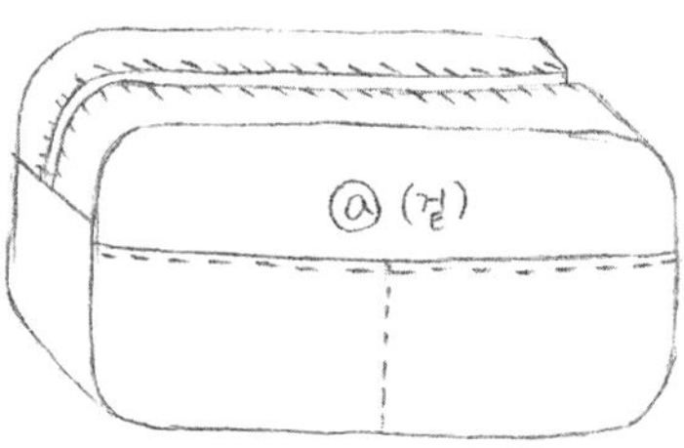


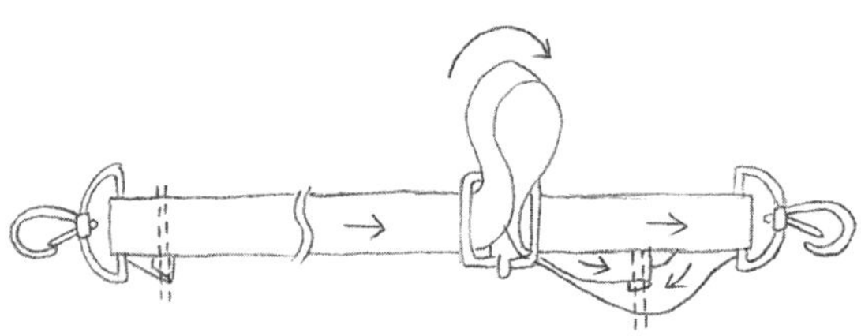

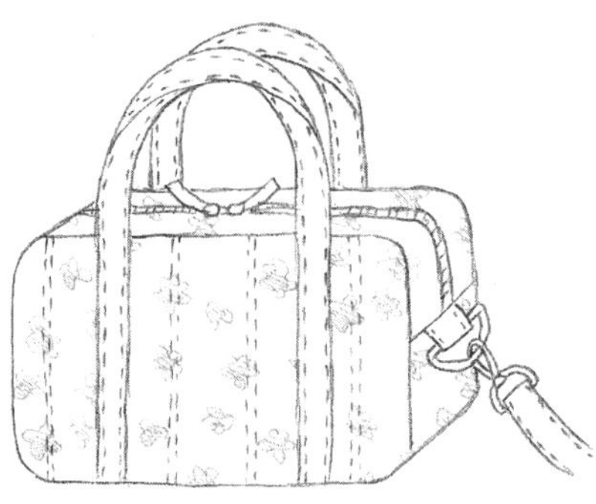

# 소녀 오버롤 팬츠

Girl's Overall Pants P.100

**완성사이즈** 34×63㎝
**재료** 면(플라워) 2마 반
**부자재** 금속 스냅단추 2set, 고무줄(3.5㎝ 폭) 30㎝

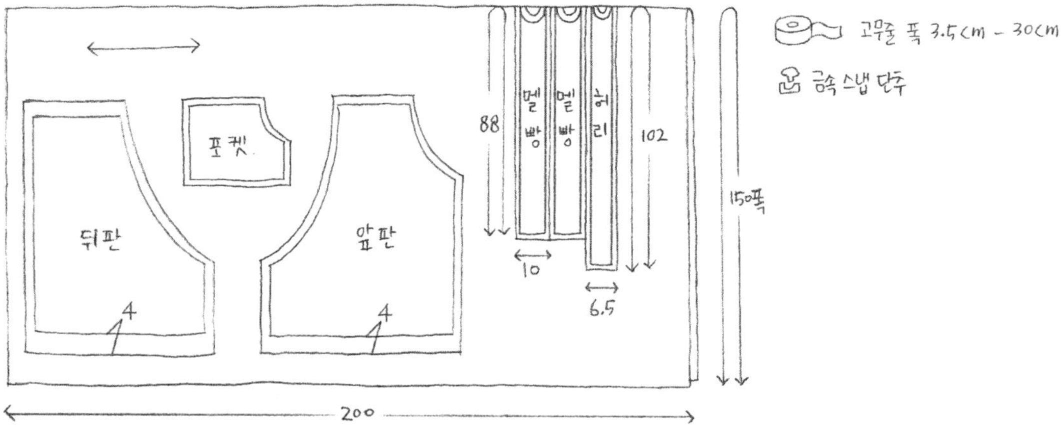


## 1. 앞판에 주머니 달기

❶ 그림과 같이 포켓의 겉과 앞판의 겉을 마주대고 포켓 입구 쪽을 박아준다.
❷ 포켓을 앞판의 안쪽으로 꺾은 뒤 상침한다.
❸ 포켓의 반을 접은 뒤 포켓만 들고 아랫부분을 박아 오버로크해둔다.
❹ 포켓이 겹쳐지는 부분은 시침해둔다.
오른쪽 앞판도 같은 방법으로 포켓을 달아둔다.

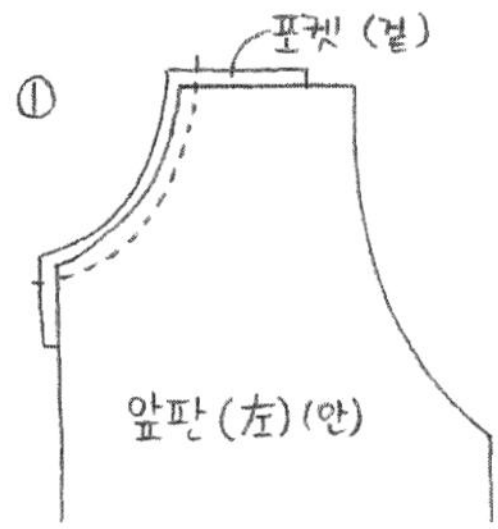


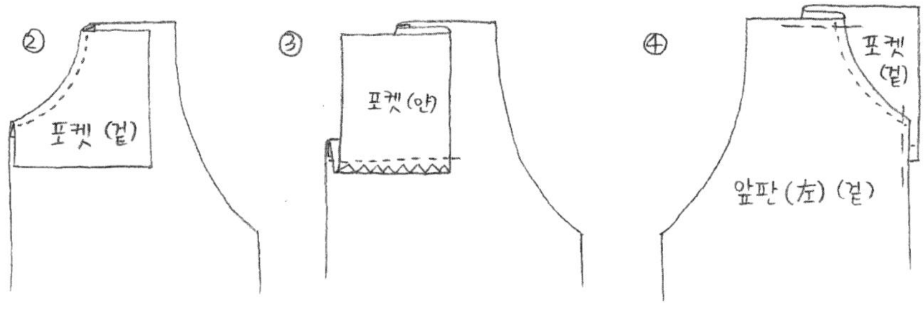


## 2. 옆선 박기

앞판과 뒤판은 겉끼리 마주대고 옆선을 박은 뒤 오버로크한다.(좌,우 동일)

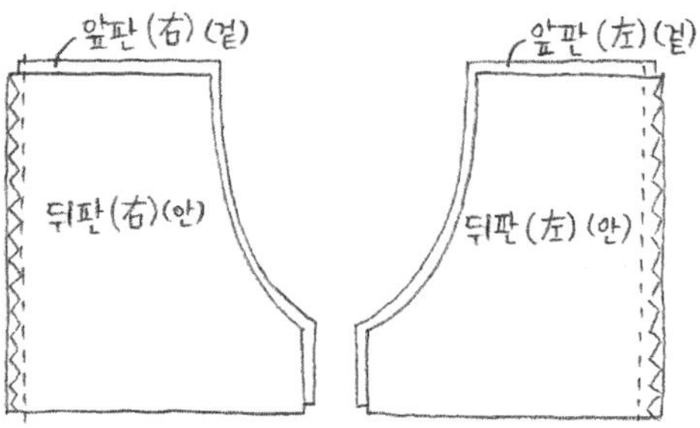

**3. 밑 위 박기** 과정2를 그림과 같이 펼친 뒤 밑 위를 박고 오버로크한다.

**4. 안쪽 옆선, 아랫단 박기** 팬츠 모양으로 다시 펼친 뒤 안쪽 옆선도 한번에 박고 오버로크한다. 아랫단은 1㎝ 먼저 접고, 3㎝ 접어 박는다.

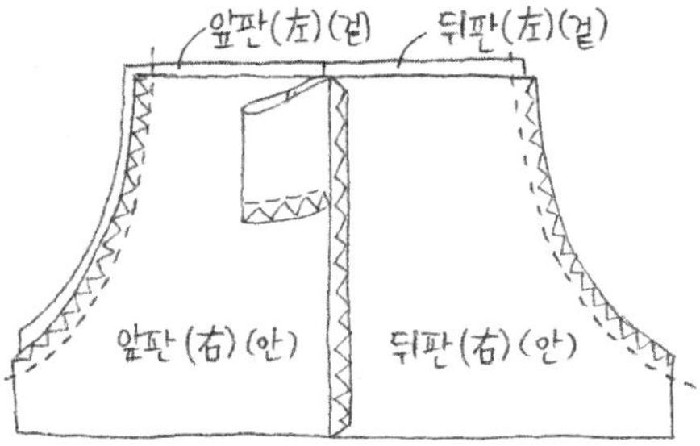


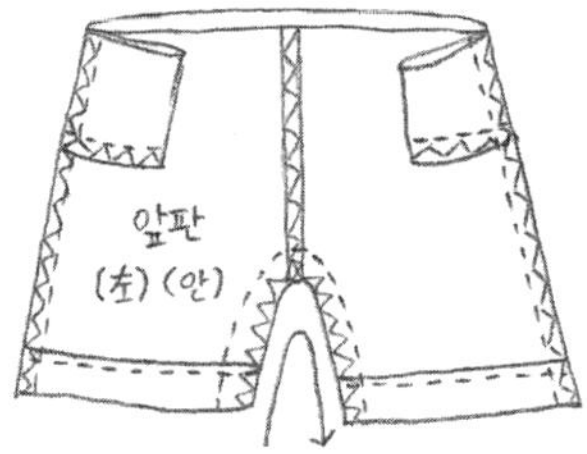


**5. 주름 잡기**

❶ 앞판의 허리부분에 주름분량을 표시해둔다.

❷ 주름을 접어 그림의 방향과 같이 넘긴 후 겉에서 박는다.(위에서 11㎝ 내려온 지점까지)

❸ 뒤판도 앞판과 동일한 방법으로 주름을 박아둔다.

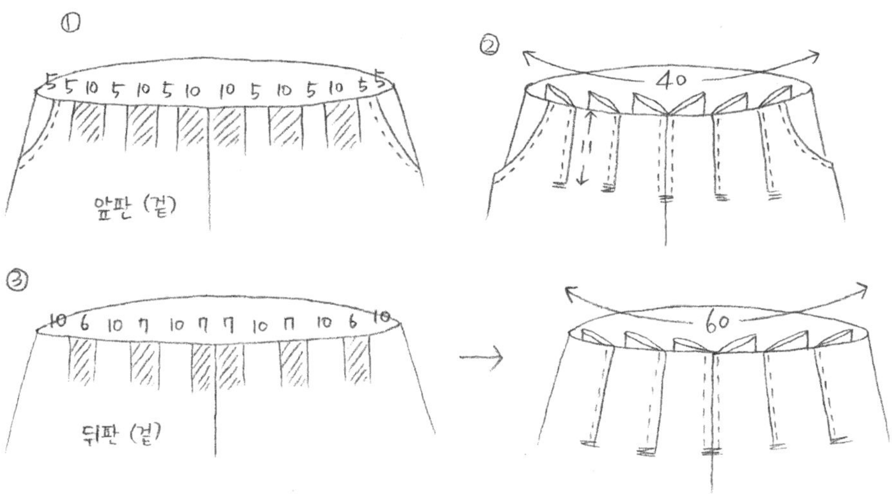


**6. 끈 만들기** 그림과 같이 박은 후 뒤집어 놓는다.(2장 모두)

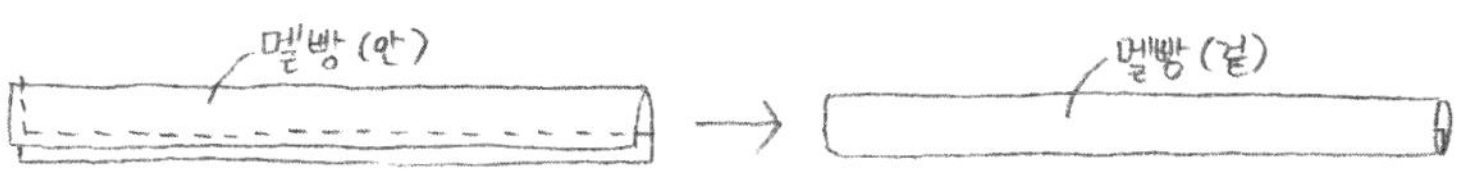

## 7. 허리 만들어 팬츠에 붙이기

❶ 고무줄 넣는 구멍 3cm를 남긴 뒤 허리를 박은 후 허리 아랫단 시접은 안으로 접어 다림질해둔다.

❷ 허리의 고무줄 넣는 구멍은 뒷중심선 쪽으로 보낸 후 그림과 같이 팬츠의 겉과 허리의 겉을 마주대고 박는다. 이때 앞 중심에서 15cm 벌려 허리와 팬츠 사이에 어깨끈을 끼워 함께 박는다.(단, 끈은 앞판에만 2줄 끼운다.)

❸ 박은 허리는 팬츠 안쪽으로 완전히 꺾은 뒤 1cm 시접을 접어서 박는다.

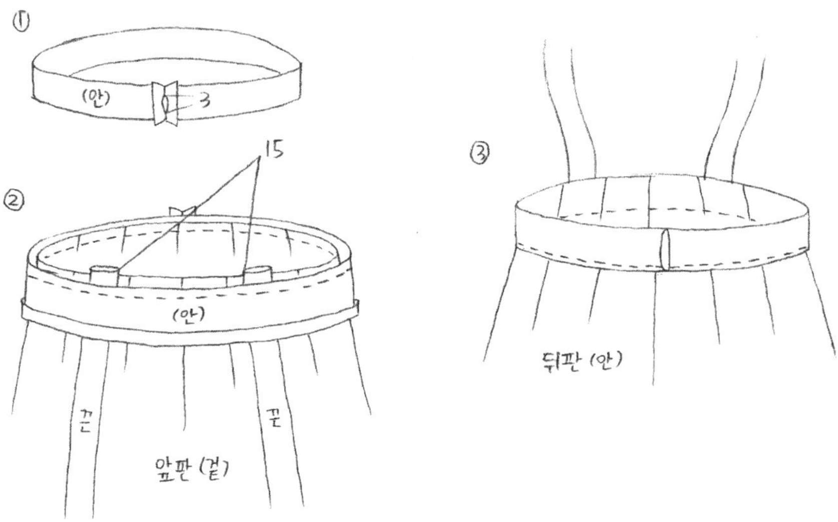


**8. 고무줄 끼우기** 그림과 같이 고무줄 넣는 구멍에서 양쪽으로 고무줄을 보낸 후 60cm 되는 끝 지점에서 고무줄과 팬츠를 함께 박아 고정시킨다. 고무줄 넣는 구멍은 공그르기로 막는다.

**9. 허리의 뒤 마무리하기** 뒤판의 허리 중심에서 12cm 벌린 지점에 스냅단추를 달아준다. 어깨끈의 안쪽에도 나머지 스냅단추를 달아준다.

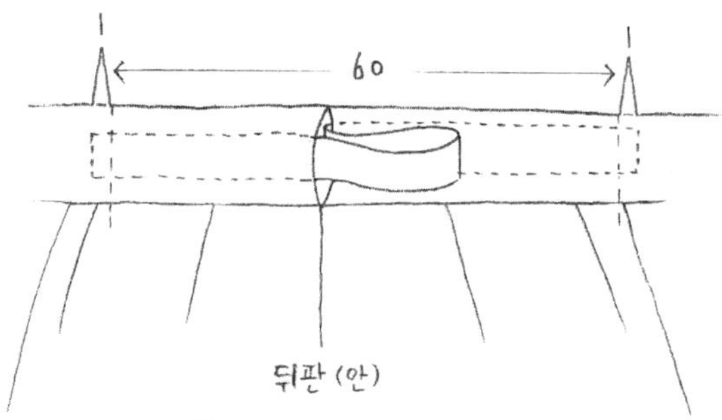


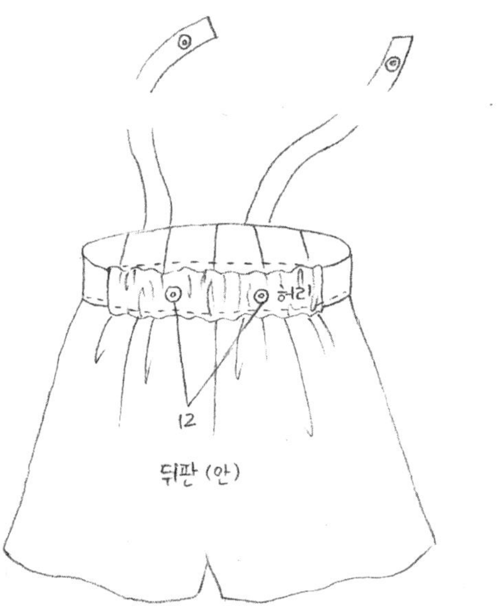

# 새활용 키즈 에이프런

Up-Cycle Kids Apron P.106

**A 완성사이즈** 64×27㎝
**B 완성사이즈** 76×60㎝
**재료** 안 입는 엄마의 점퍼스커트 1벌
**부자재** 면테이프(1.5㎝ 폭) 70㎝ 4개, 가죽 라벨 2종류

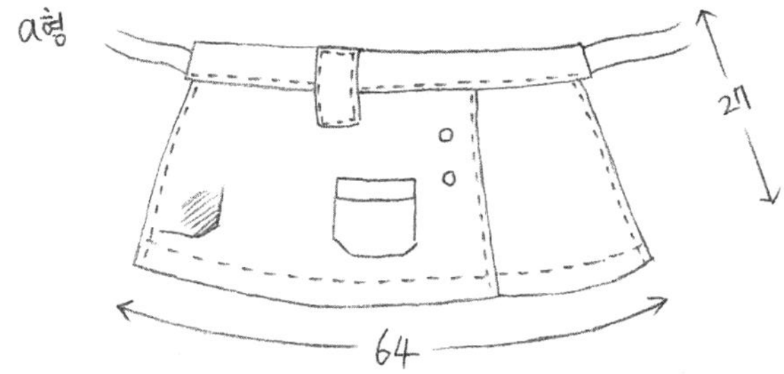


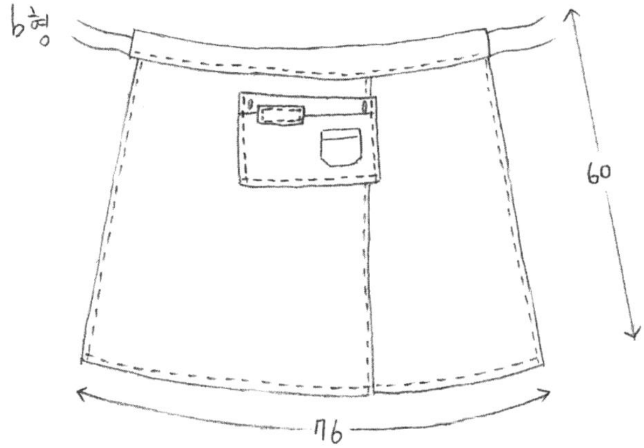


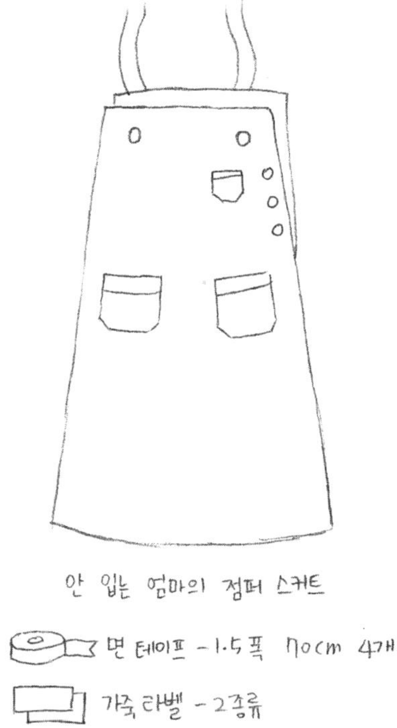


## 1. 준비하기

❶ 스커트의 왼쪽 옆선을 뜯어서 펼쳐놓는다.
❷ 앞판의 포켓 하나(★)는 제거해준다.
❸ 그림과 같이 재단한다.

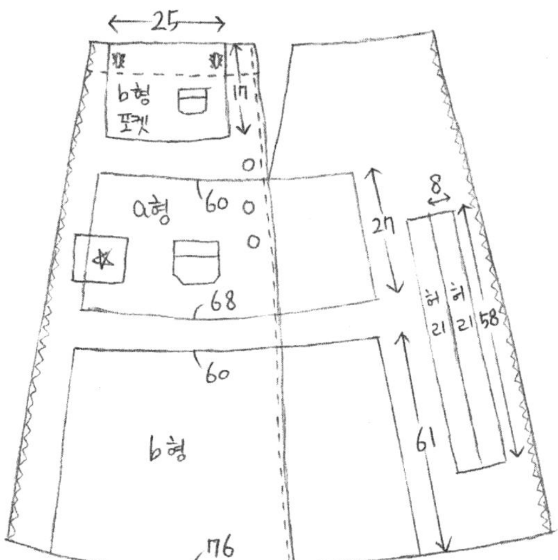

## 2. a형 만들기

❶ 스커트는 아랫부분을 1cm 접고, 2cm 접어 박는다. 양옆도 1cm씩 두 번 접어 박는다.

❷ 허리는 반으로 접은 뒤 한쪽만 1cm 시접을 접어 다림질해둔다. 양끝은 면테이프를 끼워 박은 후 뒤집어 놓는다.

❸ 준비해둔 스커트의 안쪽 위로 허리를 올린 뒤 박아 뒤집은 후 한 번 더 박아준다. 허리부분에 라벨을 부착한 후 면테이프 끝은 1cm씩 두 번 접어 박는다.

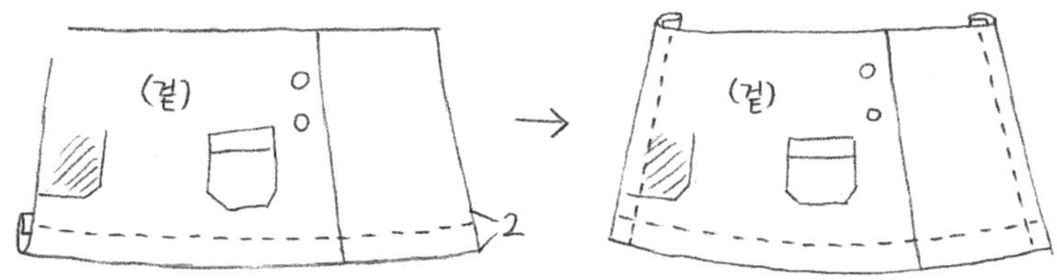


②

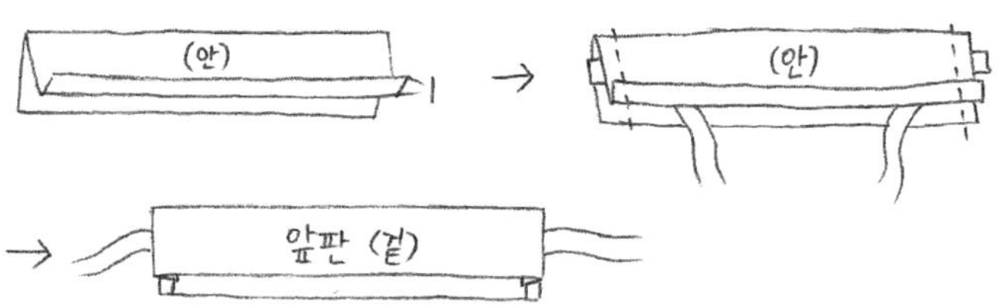


③

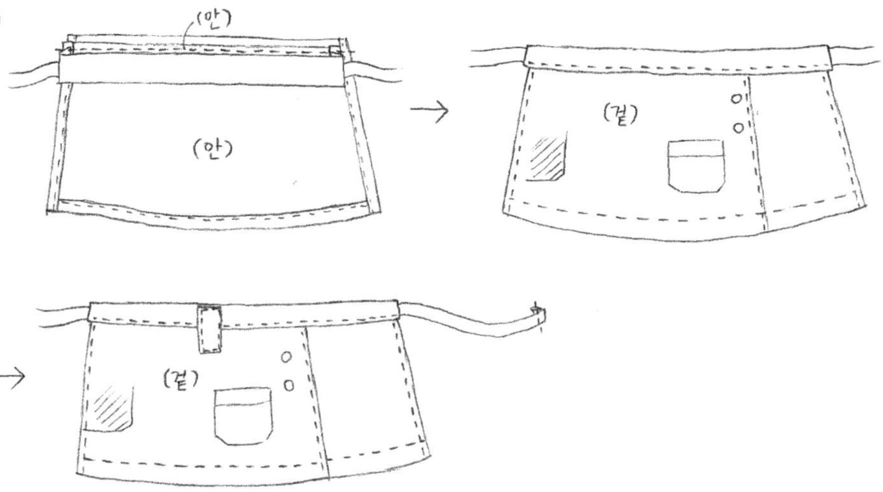

### 3. b형 만들기

❶ b형은 엄마의 점퍼스커트 아랫단을 그대로 활용했기에 양옆만 1㎝씩 두 번 접어 박는다.

❷ 포켓 위에 가죽라벨을 붙이고 스커트 위에 입구부분을 제외한 3면을 안으로 1㎝씩 접어 박아준다.

허리 만들어 달기는 a형과 동일하다.(과정2-②, 2-③ 참고)

①

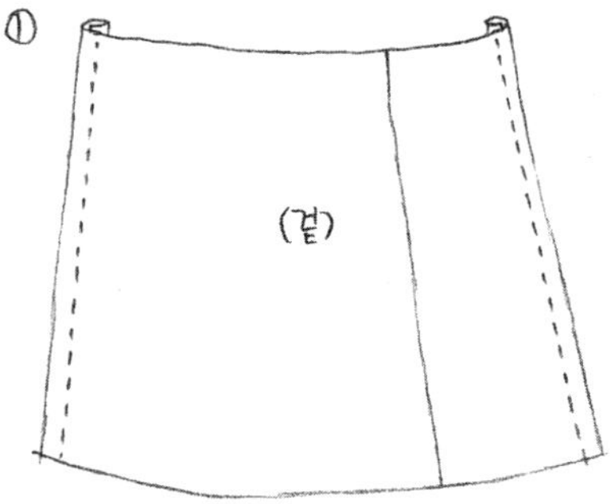


②

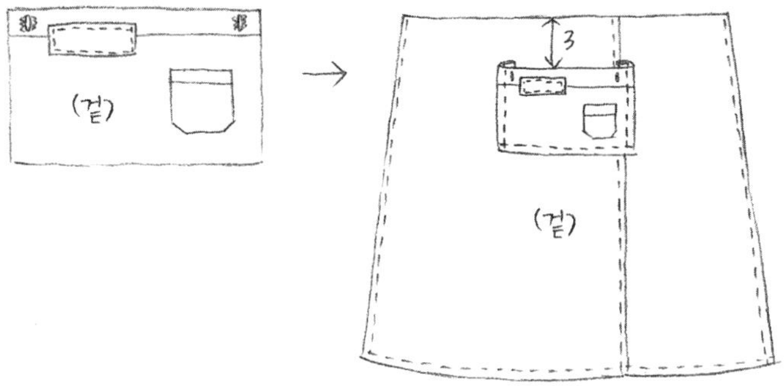


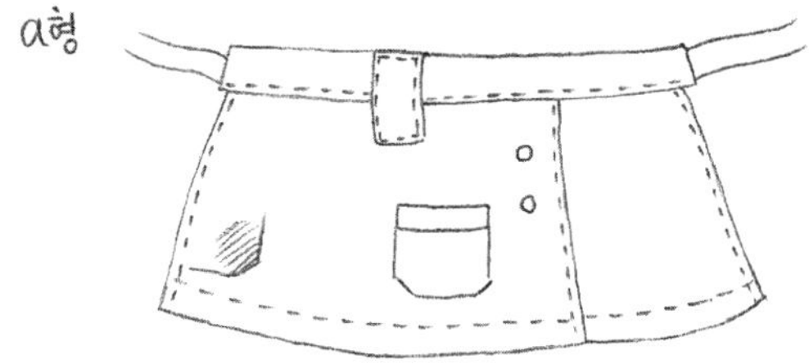


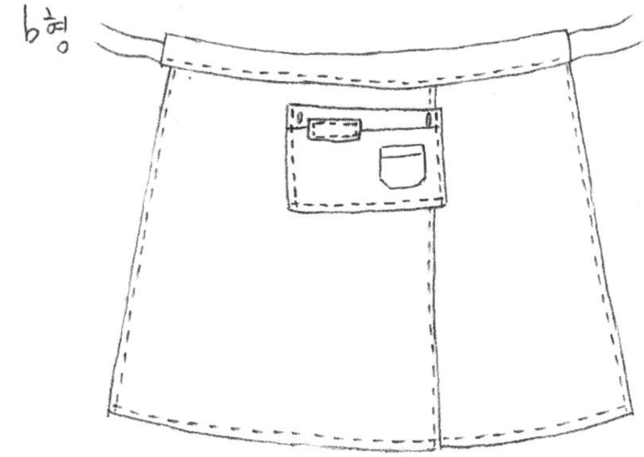

# 새활용 키즈 크로스백

Up-Cycle Kids Cross Bag P.106

**완성사이즈** 20×24㎝

**재료** 겉감용 – 못 입는 아이 재킷 2벌
안감용 – 면(네이비) ¼마

**부자재** 가죽끈(1.5㎝ 폭) 1m 2개, 리벳알 8set

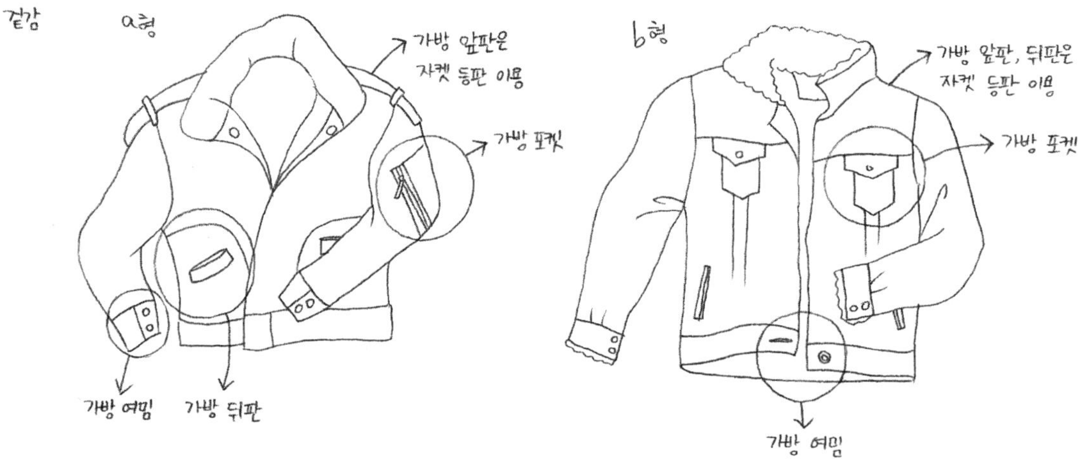


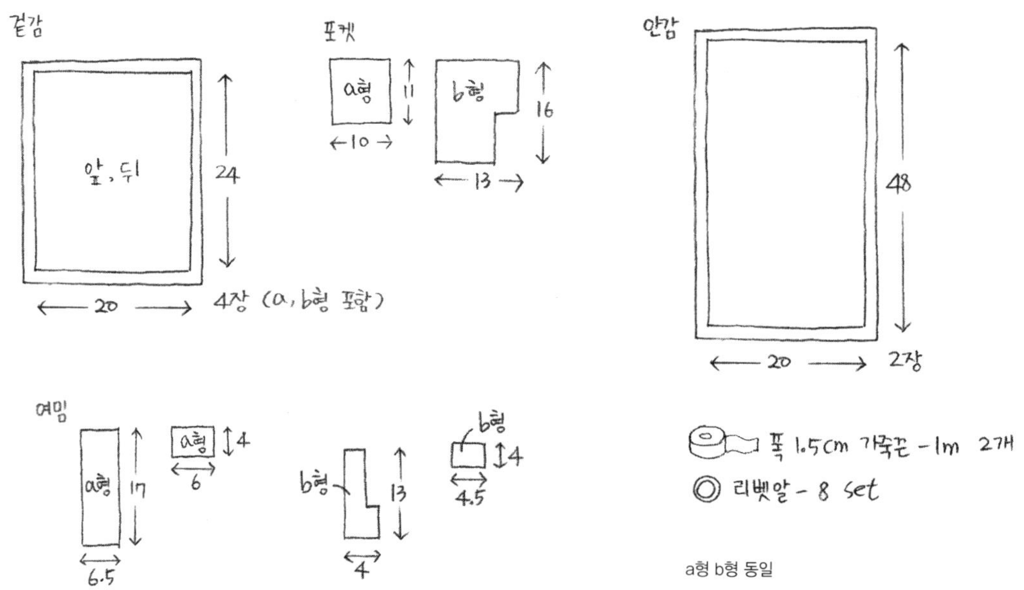


a형 b형 동일

## 1. 재단하기

재킷에서 앞판, 뒤판, 포켓, 여밈 조각을 재단해둔다.

## 2. 앞판 만들기

앞판의 겉에 그림과 같이 여밈 조각과 포켓을 달아준다.

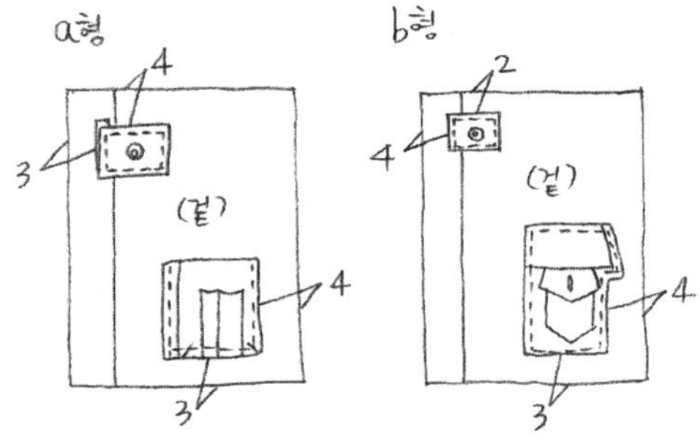


## 3. 뒤판 만들기

뒤판의 겉에도 여밈 조각을 달아준다.

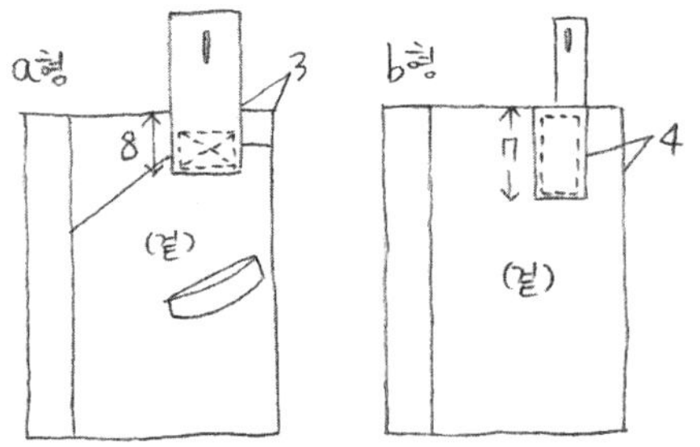


## 4.

❶ 겉감은 앞판과 뒤판의 겉과 겉을 마주대고 3면을 박아준다.

❷ 안감도 겉끼리 마주대고 창구멍 12㎝ 남긴 후 3면을 박아준다.

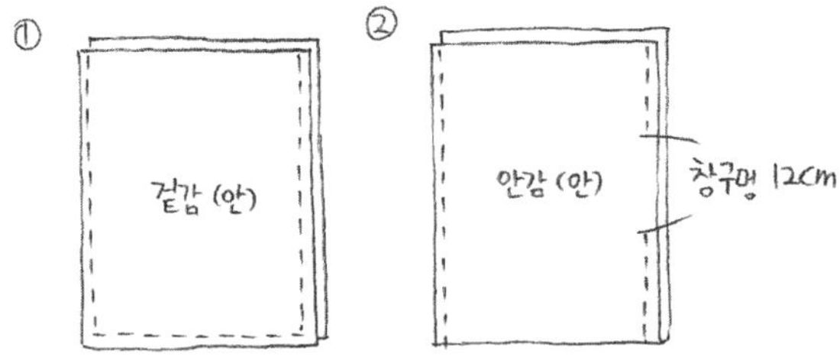


## 5.

겉과 겉이 마주보게 안감 속에 겉감을 집어 넣어 둘레를 박아준 후 창구멍으로 뒤집어 공그르기로 마감한다.

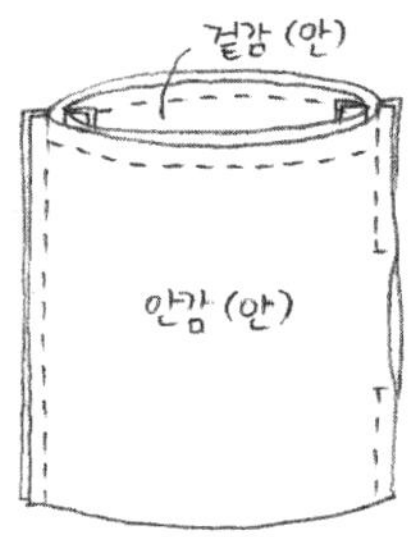


## 6.

리벳알을 이용해 가죽끈을 달아준다.

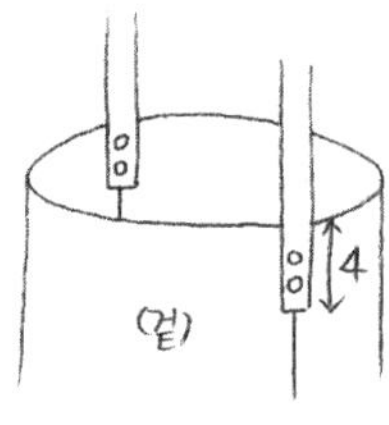


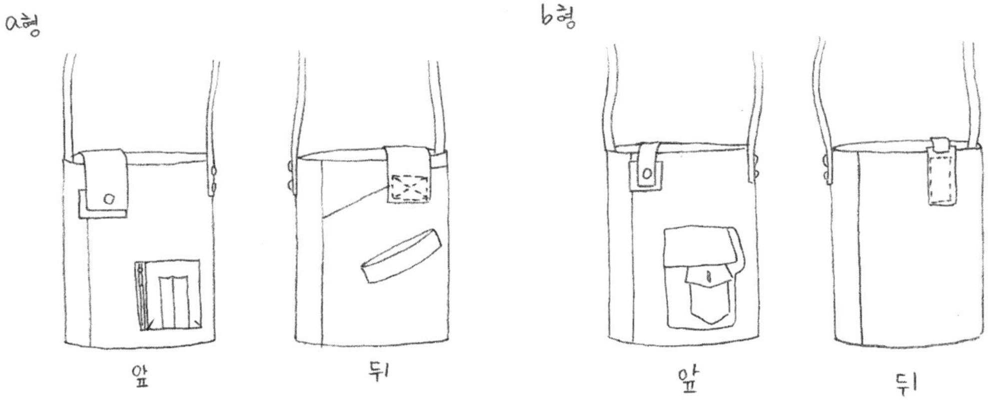

# 카무플라주 백팩

Camouflage Backpack P.116

**완성사이즈** 33×14×45㎝

**재료** 겉감용 – 옥스퍼드(카무플라주 패턴) 1마 반
안감용 – 리넨(베이지) 1마

**부자재** 퀼팅솜(7온스) 40×8㎝ 2장, 지퍼 30㎝ 1개, 18㎝ 2개,
웨이빙(3㎝ 폭) 3마, 가죽 잠금단추 2set, 버클(3.5㎝ 폭) 2개,
끈조임 가죽 10×2㎝, 아일렛(2.8㎝) 8set, 면스트링 2m,
가죽 바이어스(3.5㎝ 폭) 3m

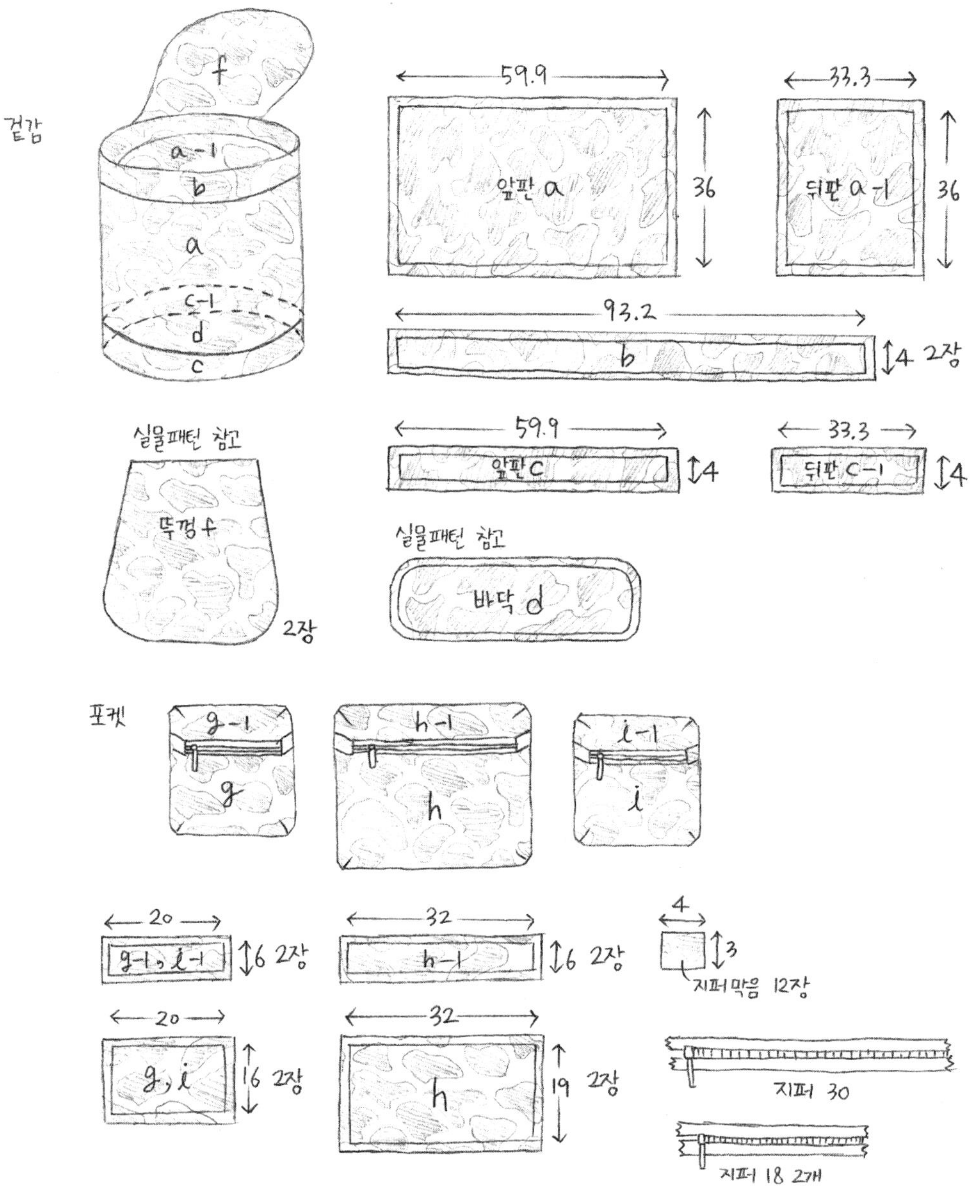

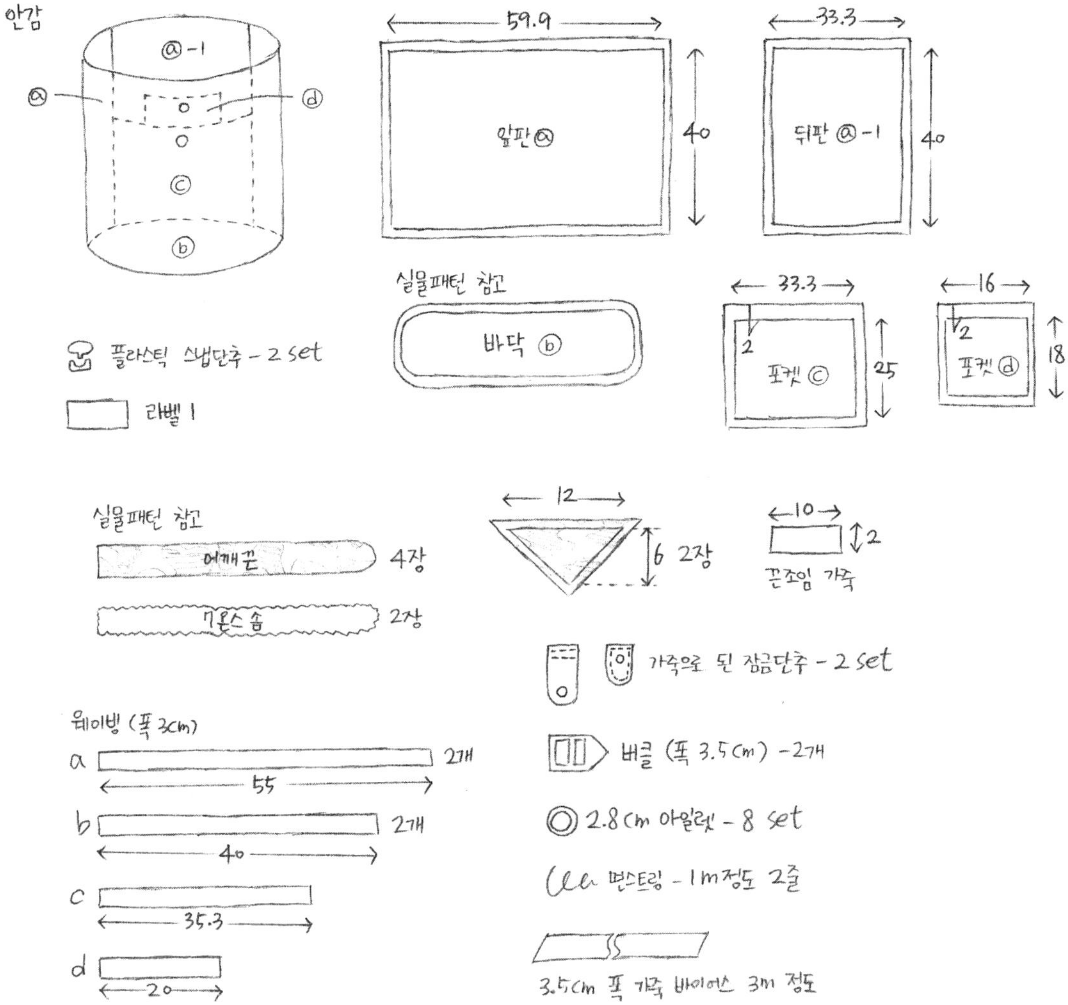


## 1. 포켓 만들기

❶, ❷ 지퍼의 양쪽 끝은 그림과 같이 지퍼 막음 원단으로 막아준다.

❸ 포켓용 원단 h–1의 겉감 2장은 겉끼리 마주대고 그 사이에 지퍼를 끼워 박아준 뒤 상침한다.

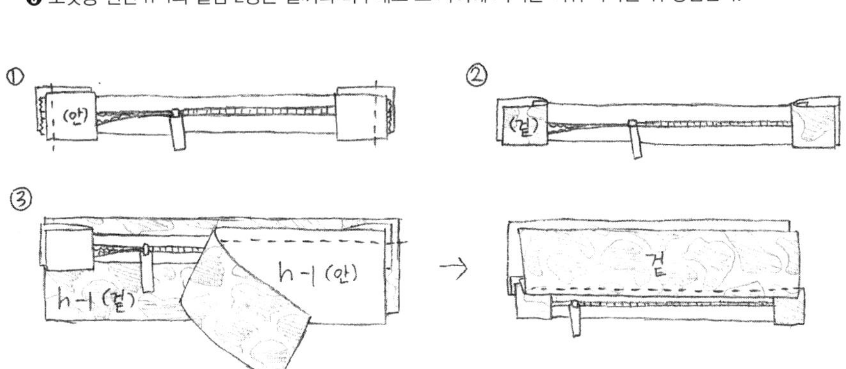

❹ h의 겉감 2장도 과정③과 같이 박아준다.
❺ 네모서리는 입체감이 나도록 그림과 같이 삼각형으로 접어 박아준다.
❻ 포켓h 완성. g, i 포켓도 같은 방식으로 만들어둔다.

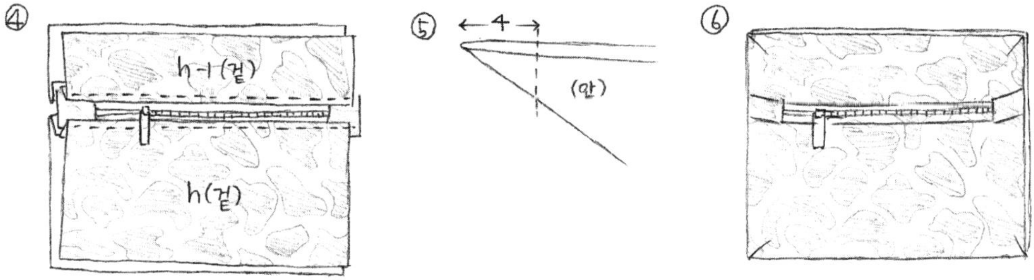


## 2. 앞판에 포켓 달기

❶ 준비해둔 포켓은 앞판a의 겉 위에 그림과 같이 붙여준다. 이때 양사방 시접 1㎝씩 안으로 꺾은 뒤 겉에서 박는다.
❷ 가죽 잠금단추의 볼록 부분 2개는 그림의 위치대로 붙여준다.(튼튼한 퀼팅실 2줄로 박음질한다.)

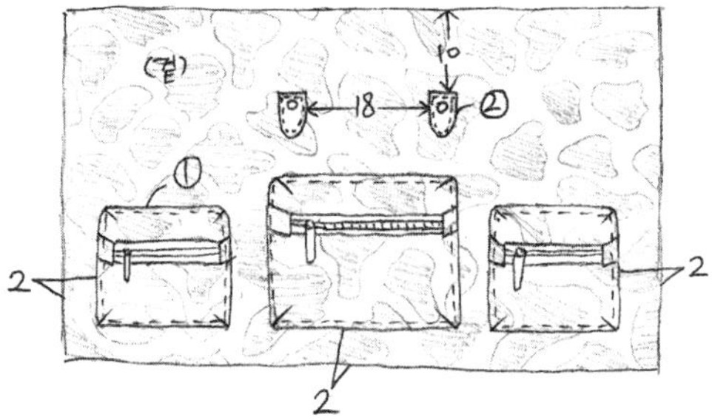


## 3. 가방 뚜껑 만들기

❶ 가방 뚜껑f의 겉 위에 잠금단추 오목 부분 2개를 그림의 위치대로 붙여준다.(튼튼한 퀼팅실 2줄로 박음질한다.)
❷ 뚜껑 2장을 안과 안이 마주보게 포개어 가장자리를 시침해둔다.
❸, ❹ 가죽 바이어스를 이용하여 뚜껑 전체를 감싸 박는다.

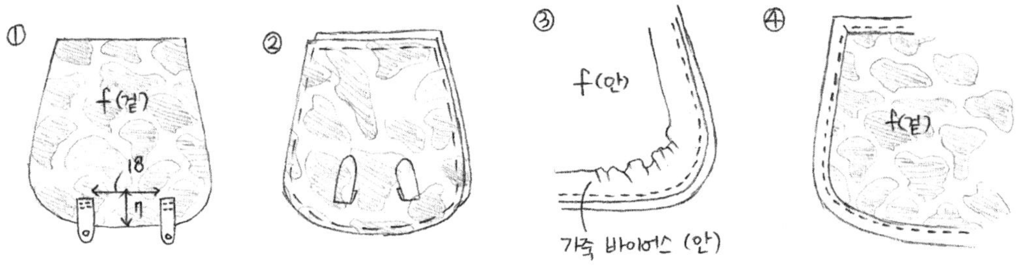


## 4. 어깨끈 만들기

❶ 어깨 원단 2장 사이에 솜을 넣어 시침한다.
❷ 윗부분을 제외한 3면을 가죽 바이어스로 감싼다.

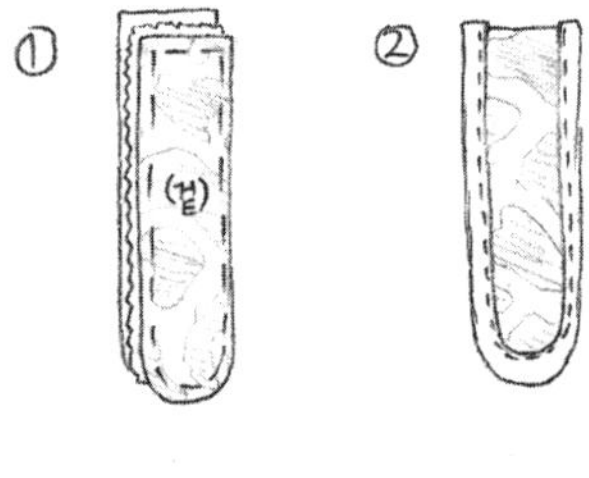

❸, ❹ 웨이빙끈a를 삼각 버클에 끼워둔 후 그림과 같이 어깨에 웨이빙끈을 올려 박는다.(같은 방법으로 2개를 만들어 놓는다.)
❺ 삼각원단은 입구 쪽 시접을 안으로 접은 뒤 세로로 반을 접어 웨이빙끈b를 끼운 뒤 그림과 같이 박아둔다.

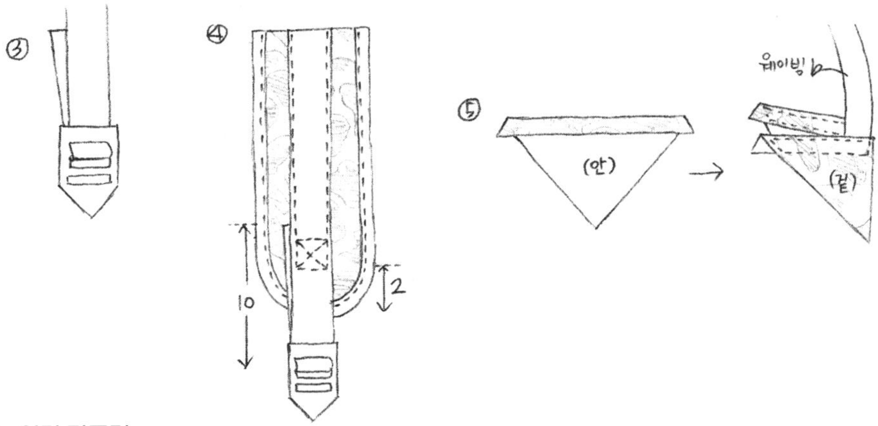


## 5. 안감 만들기

❶ 포켓ⓓ는 입구부분을 1㎝씩 두 번 접어 박고, 라벨도 붙여놓는다.
❷ 포켓ⓒ도 입구부분을 1㎝씩 두 번 접어 박아둔다.
❸ 안감 뒤판ⓐ-1의 겉 위에 그림의 위치대로 포켓ⓓ를 박는다.
❹ 과정③의 위에 포켓ⓒ를 놓고 시침해둔다. 이때 스냅단추를 포켓ⓒ, ⓓ에 달아준다.
❺ 안감 앞판ⓐ, 안감 뒤판ⓐ-1, 바닥ⓑ를 모두 연결해준다.

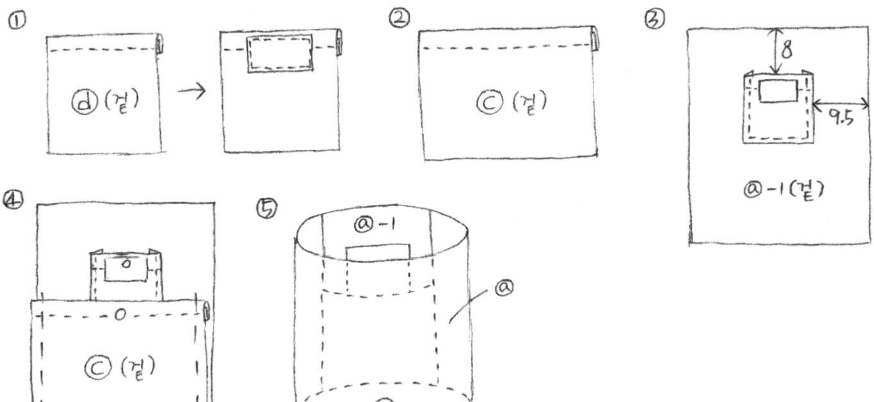


## 6. 뒤판 만들기

❶, ❷ a-1과 c-1을 연결한 후 준비해둔 어깨와 웨이빙끈d를 그림의 위치대로 시침해둔다.

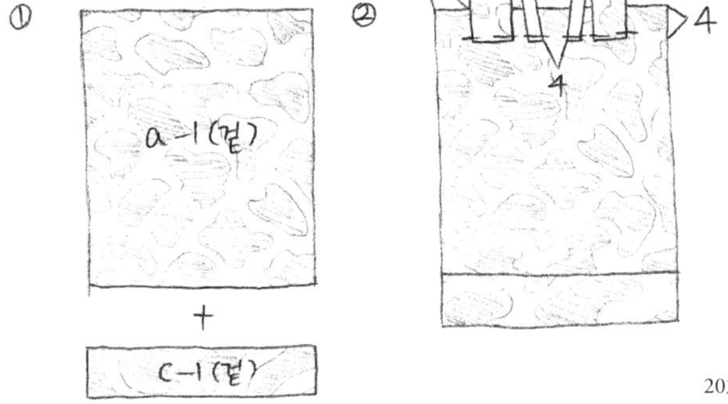

❸ 그림의 위치에 웨이빙끈c를 박아준다. 이때 어깨끈 만들기 과정5에서 준비해둔 삼각부분을 그림과 같이 시침해둔다.
❹ 뚜껑f를 뒤판 중심에 맞춰 3㎝ 내려온 지점에 부착한다.

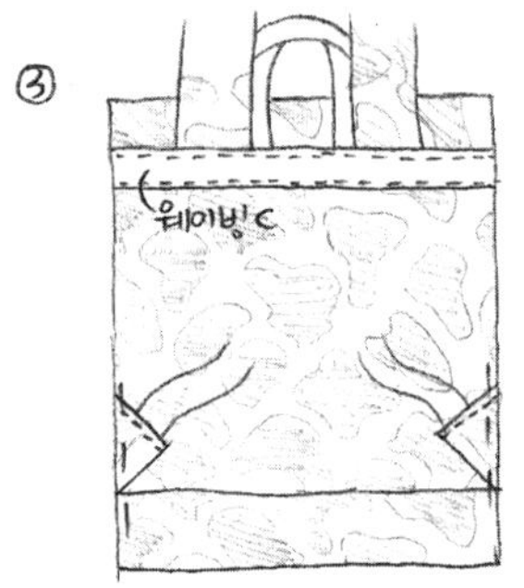


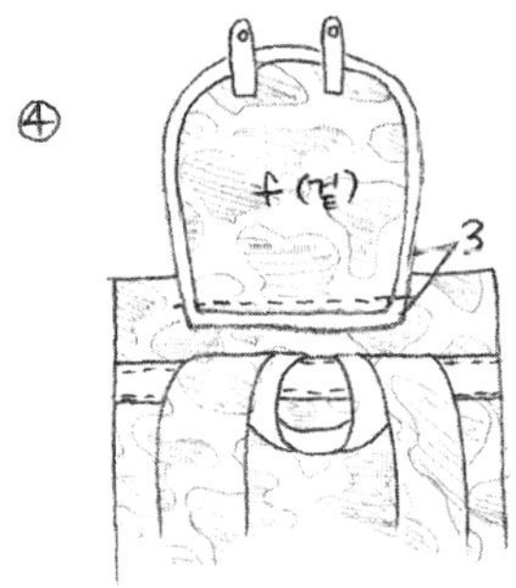


## 7. 앞판, 뒤판, 바닥 연결하기

준비해둔 앞판a와 c를 연결한 뒤 뒤판a-1도 연결한다. 바닥d도 연결한다.

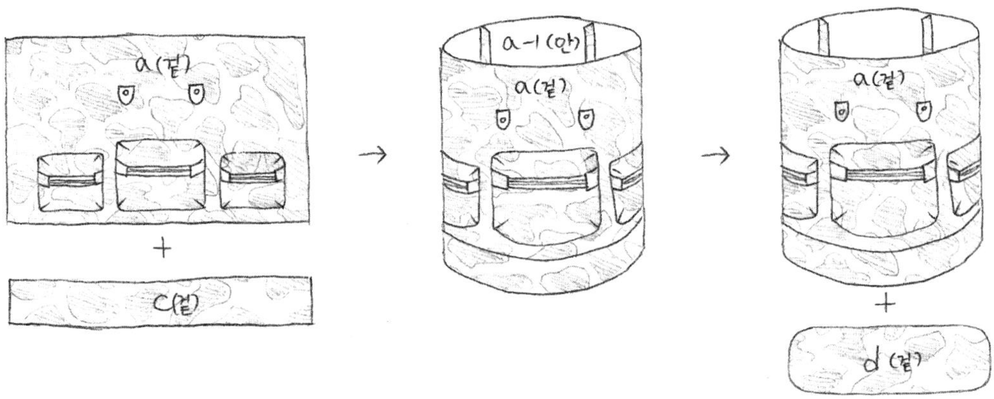


## 8. 가방 입구 연결하기

❶ 가방 입구b를 동그랗게 연결한다.(2장 모두)
❷ 그림과 같이 가방 입구b와 b사이에 겉감과 안감을 안과 안이 마주보게 집어 넣은 후 4장 모두 윗부분을 함께 박는다.

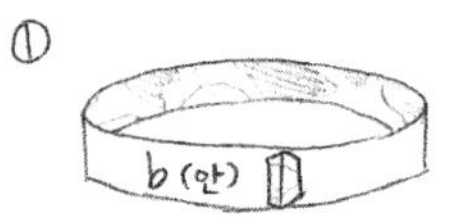

❸ b의 겉감과 안감을 들어올린 후 시접 1㎝ 안으로 넣어 겉에서 박아준다.
❹ b에 아일렛 8개를 모두 장착한다.

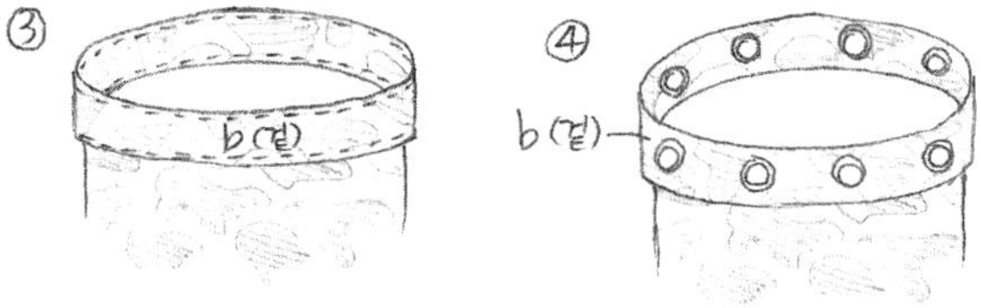


## 9. 마무리하기

❶ 아일렛 구멍에 조임끈 2줄을 통과시킨다.
❷ 끈조임 가죽은 2㎝ 겹쳐 그림과 같이 박아준다.
❸ 끈조임 가죽에 끈을 끼운 뒤 끈의 끝부분은 묶어준다.
❹ 마지막으로 웨이빙끈b는 삼각 버클에 끼운 뒤 끝을 1㎝씩 두 번 접어 박아준다.

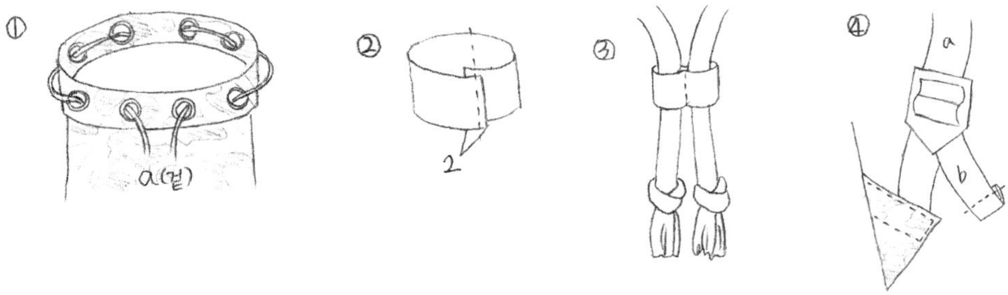

# 미니 크로스백

Mini Cross Bag P.117

**완성사이즈** 27×18cm

**재료** 겉감용 – 옥스퍼드(브라운 또는 베이지) ¼마
안감, 속지용 – 리넨(베이지) ½마
덧댐용 – 면(플라워) 10×22cm

**부자재** 플라스틱 스냅단추(베이지) 2set, 아일렛(3호) 2set, 가죽 크로스끈(1cm 폭) 1개, 지퍼(25cm) 1개

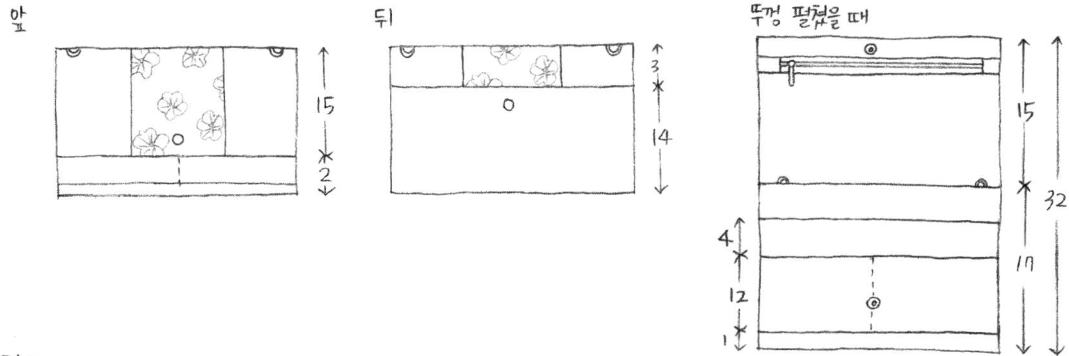


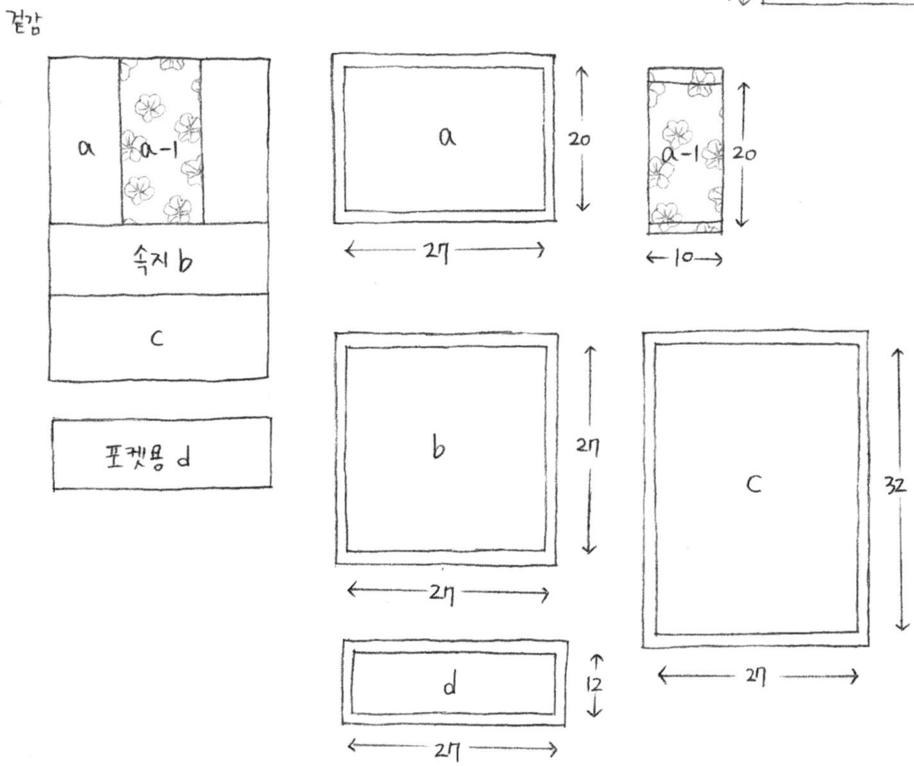

안감

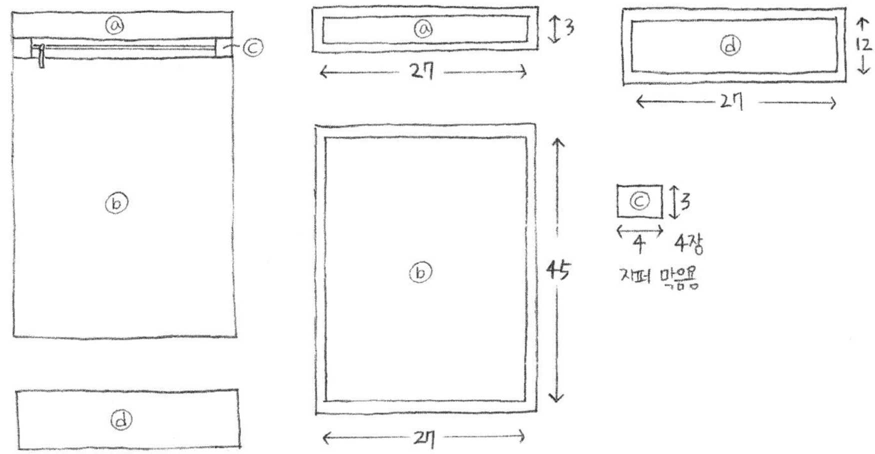


안감용 속지

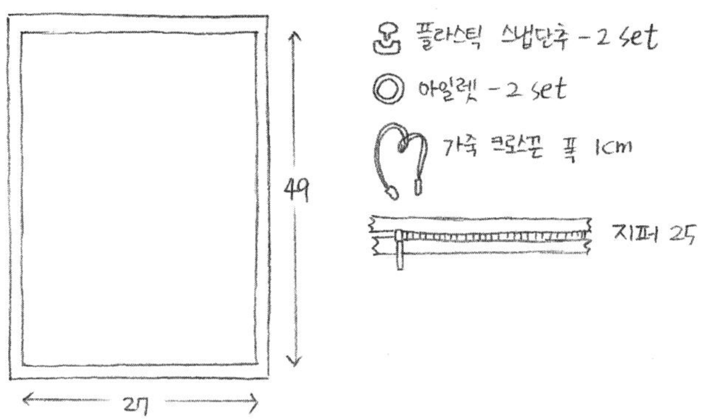


## 1. 겉감 연결하기

❶ 그림과 같이 a 위에 a-1을 올려 홈질 또는 감침질로 박아준다.

❷ a, b, c의 순서대로 연결한다.

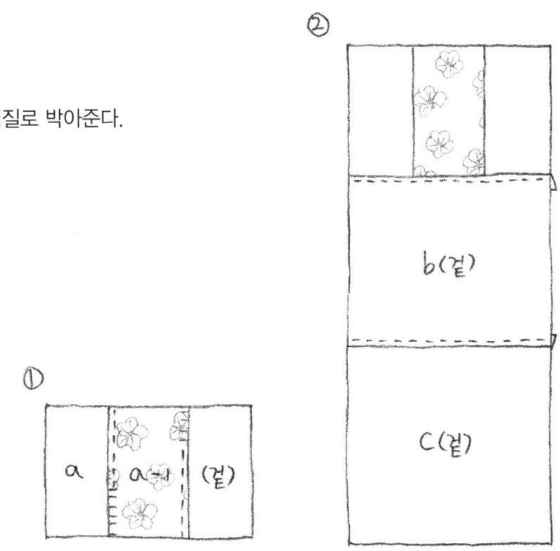

❸ 그림과 같이 c에서 1㎝ 내려온 선을 접어 박아둔다.
❹ 접은 부분을 잡고 그림의 수치만큼 a의 겉 위로 끌어올려 양쪽을 시침해둔다.
❺ 접힌 선에서 1㎝ 내려온 지점에 스냅단추 1set를 c의 겉에 달아준다.

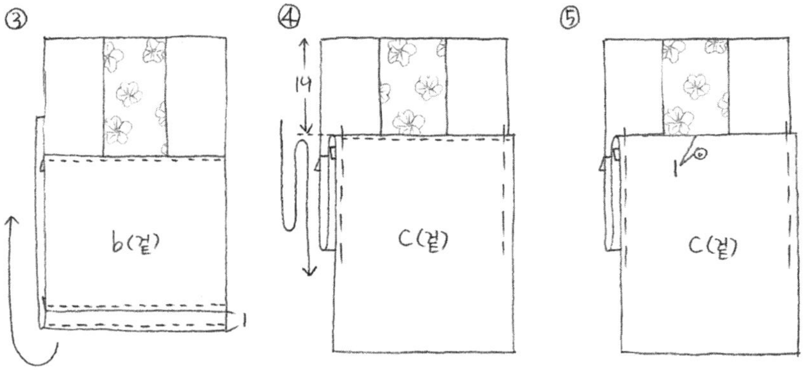


## 2. 포켓d 만들기

포켓d는 겉감과 안감의 겉을 마주대고 윗부분만 박아 뒤집어 준 뒤 상침하고, 나머지 3면은 시침한다.

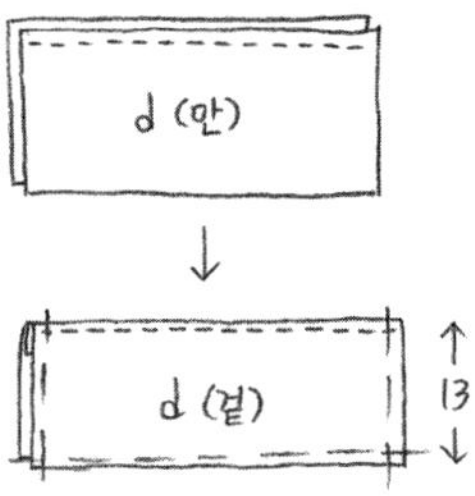


## 3. 겉감과 포켓d 연결하기

❶ 그림의 위치대로 포켓d를 올려 1㎝ 박아준다.
❷ 다시 d를 끌어내려 가장자리를 시침한 후 중심을 박아준다.
❸ 이때 오목 스냅단추를 d의 끝부분에서 3㎝ 내려온 지점에 달아준다.

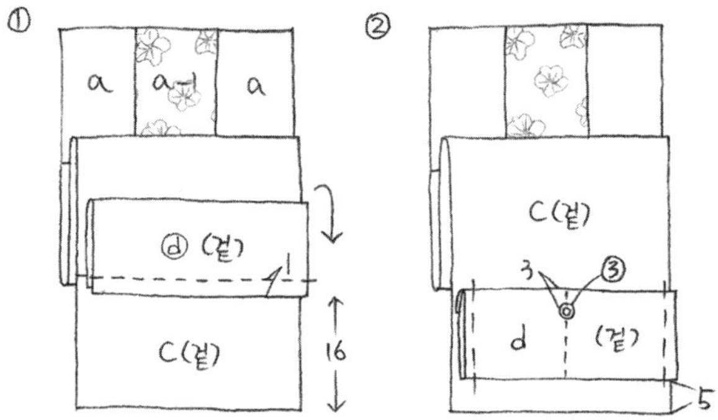


## 4. 안감 만들기

❶ 지퍼 만들어 놓기 – 지퍼 막음 원단을 이용하여 그림과 같이 지퍼의 끝을 처리한다.
❷ 안감ⓐ, 지퍼, 안감ⓑ를 그림과 같이 연결한다.

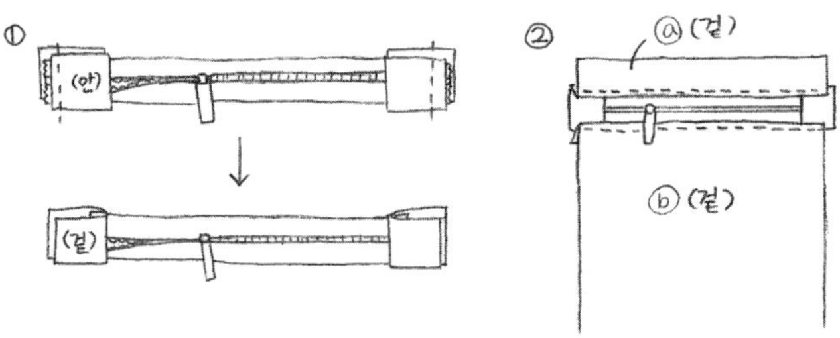

❸ 안감용 속지 위에 안감의 겉이 위로 보이도록 올린 후 시침한다.
이때 지퍼 포켓의 끝을 16cm 내려온 선에 박아준다.(소지품을 넣었을 때 끝까지 내려가는 것을 방지할 수 있다.)

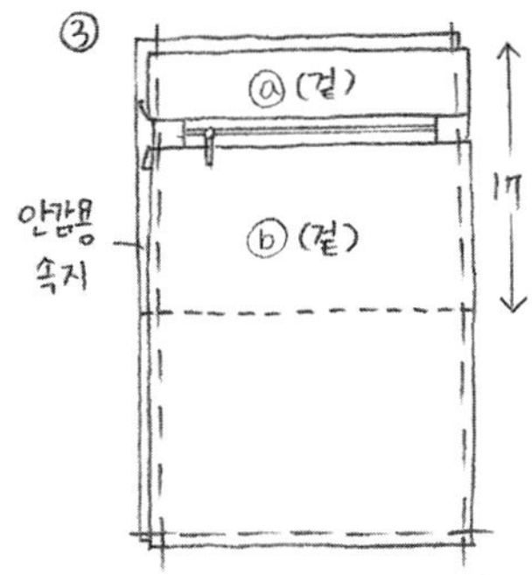


## 5. 겉감, 안감 연결하기

❶ 준비해둔 겉감과 안감의 겉과 겉을 마주대고 위아래만 박아준다.
❷ 아랫부분을 겉감과 안감 사이로 17cm 끌어올려준 뒤 창구멍 10cm 남기고 양쪽을 박는다.
❸ 창구멍으로 뒤집은 후 창구멍은 공그르기로 막아준다.
❹ 나머지 볼록 스냅단추도 그림과 같이 달아준다.

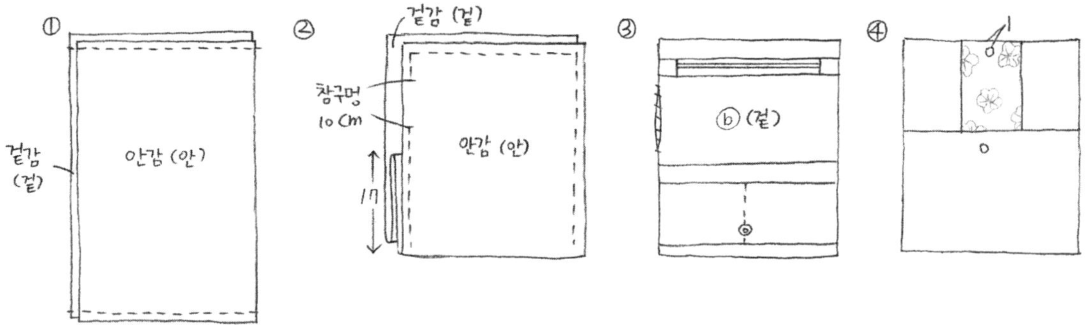


## 6. 아일렛, 가방끈 달기

뚜껑을 연 상태에서 15cm 지점에 아일렛을 달아준 후 가방끈을 끼워 완성한다.

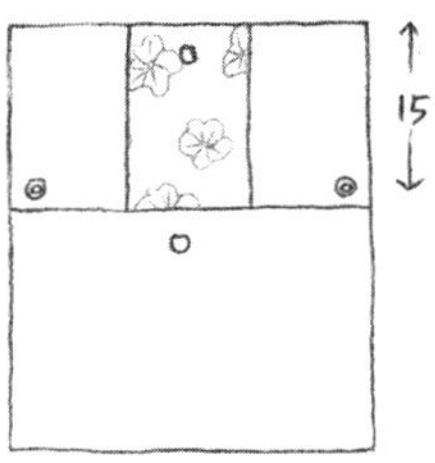


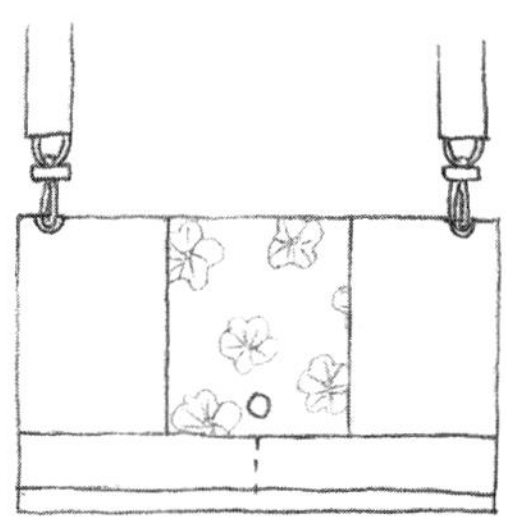

# 커플 파자마 팬츠

Couple Pajamas Pants P.122

**완성사이즈** S size, L size

**재료** 면(스트라이프) 2마 반, 면(플라워) ½마

**부자재** 고무줄(3.5㎝ 폭) 62㎝

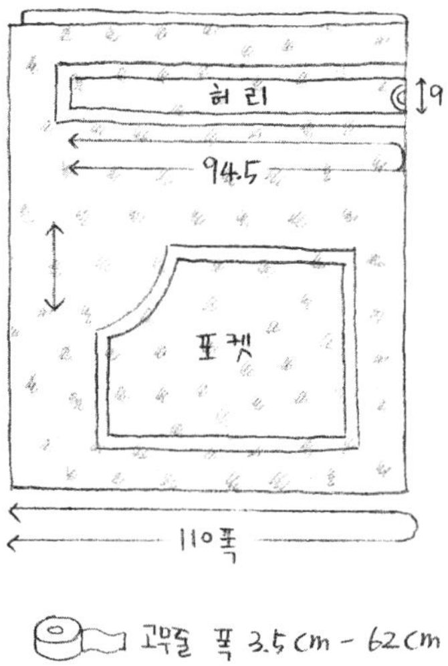


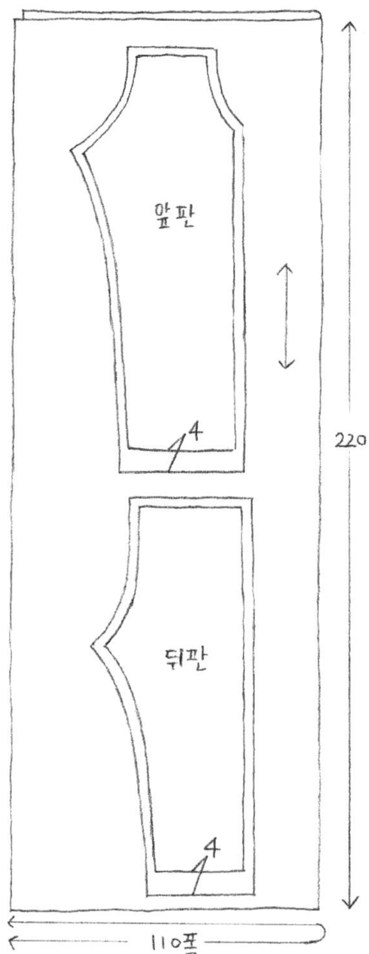

### 1. 앞판에 포켓 달기

❶ 포켓의 안과 앞판의 안이 위로 오게 놓은 후 포켓 입구부분을 박는다.
❷ 포켓을 앞판의 안쪽으로 꺾은 뒤 상침한다.
❸ 포켓의 반을 접은 뒤 포켓만 들고 아랫부분을 박아 오버로크해둔다.
❹ 포켓이 겹쳐지는 부분은 시침해둔다.
오른쪽 앞판도 같은 방법으로 포켓을 달아둔다.

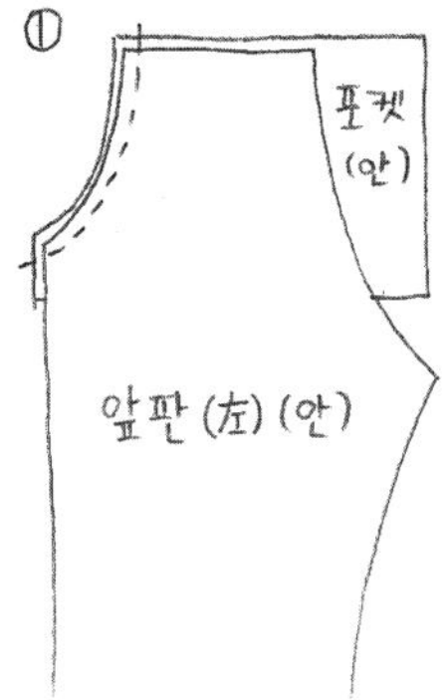


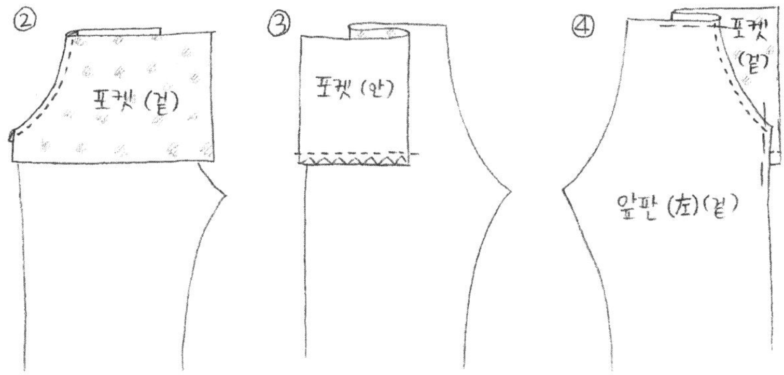


### 2. 옆선 박기

앞판과 뒤판은 겉끼리 마주대고 옆선을 박은 뒤 오버로크한다.(좌,우 동일)

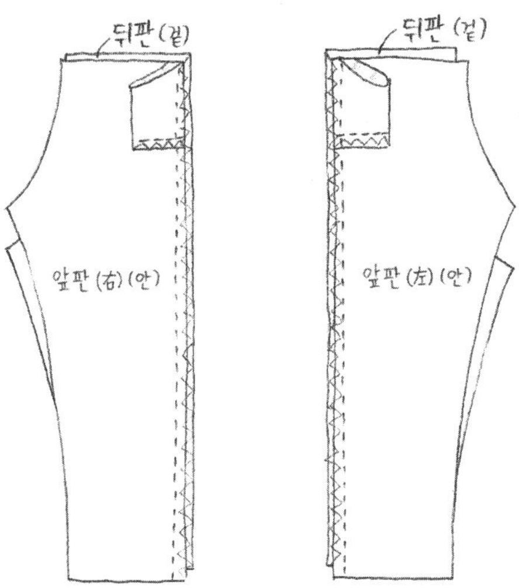


### 3. 밑 위 박기

과정2를 그림과 같이 펼친 뒤 밑 위를 박고 오버로크한다.

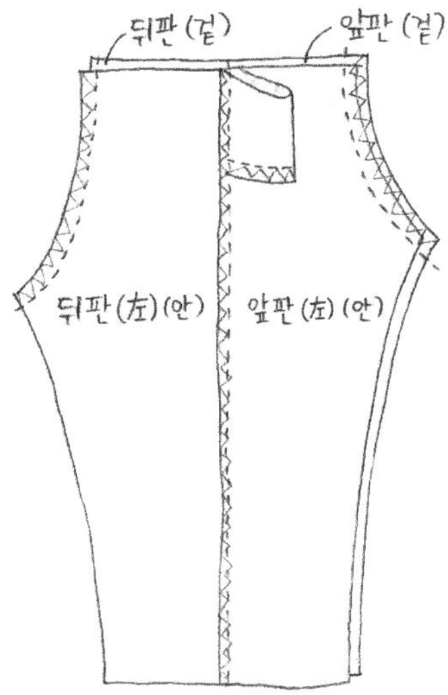

**4. 안쪽 옆선, 아랫단 박기** 팬츠 모양으로 다시 펼친 뒤 안쪽 옆선도 한번에 박고 오버로크한다. 아랫단은 1cm 먼저 접고, 3cm 접어 박는다.

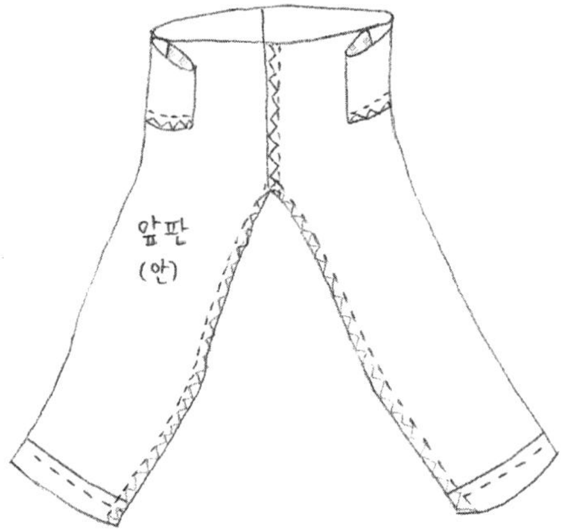


### 5. 허리 연결하기

❶ 그림과 같이 고무줄 넣는 구멍을 남긴 후 박는다. 시접 1cm 안으로 접어 다리미질해둔다.

❷ 그림과 같이 팬츠의 안쪽 위에 허리의 안을 올린 뒤 둘레를 박아준다.

❸ 허리를 들어 올린 뒤 반으로 접어 팬츠의 겉에서 박는다.

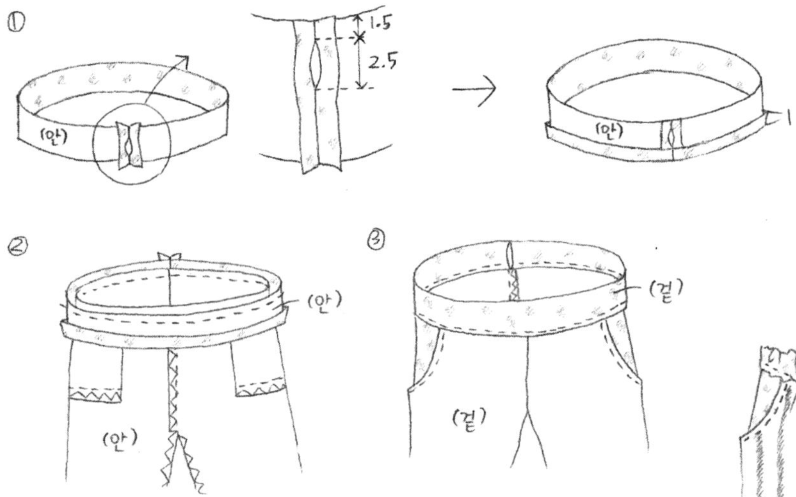


**6.** 허리에 고무줄 끼워 완성한다.

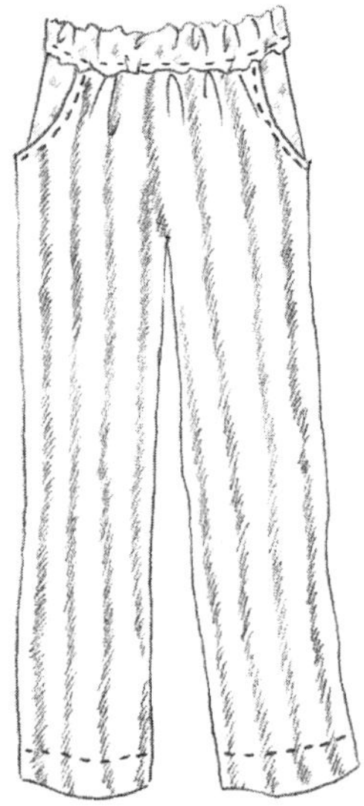